गर्ल साइबर डिफेंस

सुमित परिहार

Made with ♥ on the Notion Press Platform
www.notionpress.com

सर्वशक्तिमान श्री महाकाल को समर्पित, जिनकी अनंत उपस्थिति अंधकार में मेरा मार्गदर्शन करती है और मेरे पथ को आलोकित करती है। आपकी दिव्य शक्ति मेरे आत्मा को प्रेरित करती है और सत्य एवं न्याय की मेरी खोज को ऊर्जा प्रदान करती है।

मेरे प्रिय माता-पिता को समर्पित, जिनका अटूट प्रेम और समर्थन मेरी नींव रहा है। आपके व्यक्तित्व ने मुझे उस व्यक्ति के रूप में ढाला है जो मैं आज हूं। आपने मुझ पर विश्वास बनाए रखा, तब भी जब मुझे खुद पर संदेह था—इसके लिए मैं सदैव आभारी रहूंगा।

मेरे धार्मिक गुरु श्री युधिष्ठिर शास्त्री को समर्पित, जिनकी ज्ञान और मार्गदर्शन ने मेरे जीवन की यात्रा को आलोकित किया है। आपके उपदेशों ने मुझे दूसरों की सेवा करने के प्रति एक गहरा उद्देश्य और समर्पण सिखाया है।

मेरी बहनों को समर्पित, जो मेरी शक्ति की स्तंभ रही हैं, जिनकी हंसी और प्रोत्साहन ने मेरे जीवन को प्रसन्नता से भर दिया है। हर कदम पर मेरे साथ खड़े रहने के लिए धन्यवाद, आपने मुझे परिवार और प्रेम की शक्ति की हमेशा याद दिलाई है।

यह पुस्तक आप सभी के प्रभाव और मुझमें रोपे गए उन मूल्यों की साक्षी है। ईश्वर करे, यह पुस्तक सुरक्षा और सशक्तिकरण की उस भावना को प्रतिबिंबित करे, जिसे आप सभी जीते हैं।

क्रम-सूची

सुमित परिहार,

संस्थापक व सीईओ : Binary Raise

संस्थापक : गर्ल साइबर डिफेंस मिशन

सुमित परिहार, Binary Raise के संस्थापक और सीईओ हैं, जो दुनिया का अग्रणी हैकर-सक्षम सुरक्षा मंच है। उन्होंने 2022 में इस कंपनी की नींव रखी, जिसका उद्देश्य साइबर दुनिया को अधिक सुरक्षित बनाना है। Binary Raise का मुख्य मिशन है, सुरक्षा शोधकर्ताओं और उन संगठनों के बीच एक पुल का निर्माण करना जो साइबर सुरक्षा खतरों का सामना कर रहे हैं।

सुमित परिहार एक पेशेवर हैकर हैं। वे *गर्ल साइबर डिफेंस मिशन* के निर्माता भी हैं, जो दुनिया का पहला और उन्नत अंतर्राष्ट्रीय मिशन है, जिसका उद्देश्य लड़कियों को ऑनलाइन खतरों से बचाना है। सुमित सुरक्षा शोध और हैकिंग के प्रबल समर्थक हैं। उनका मानना है कि संगठनों को सुरक्षा शोधकर्ताओं के साथ मिलकर काम करके साइबर खामियों को पहचानना और सुधारना चाहिए, इससे

पहले कि इनका दुरुपयोग दुर्भावनापूर्ण हमलावरों द्वारा किया जाए।

सुमित परिहार के नेतृत्व में, Binary Raise दुनिया का सबसे बड़ा और सबसे विश्वसनीय हैकर-सक्षम सुरक्षा मंच बन गया है। वर्तमान में, इस प्लेटफार्म पर 1,000 से अधिक सुरक्षा शोधकर्ता पंजीकृत हैं, जिन्होंने विभिन्न संगठनों को 20,000 से अधिक सुरक्षा कमजोरियों का पता लगाने और सुधारने में मदद की है। सुमित सुरक्षा सम्मेलनों और कार्यक्रमों में नियमित रूप से वक्ता के रूप में भाग लेते हैं, और वे अंतर्राष्ट्रीय साइबर सुरक्षा समूह के निदेशक मंडल के सदस्य भी हैं।

सुमित परिहार को उनके उत्कृष्ट कार्य के लिए *राष्ट्रीय प्रतिष्ठा पुरस्कार* और *विश्व रत्न सम्मान* से सम्मानित किया गया है। उनका यह समर्पण और प्रयास न केवल साइबर सुरक्षा के क्षेत्र में बल्कि लाखों लड़कियों की जिंदगी बचाने में भी महत्वपूर्ण रहा है। उन्होंने अब तक अनेक लड़कियों को आत्महत्या और ऑनलाइन ब्लैकमेलिंग से बचाया है, और उनका यह योगदान न केवल भारतीय संगठनों बल्कि पूरे विश्व को साइबर अपराध से सुरक्षित रखने में महत्वपूर्ण भूमिका निभा रहा है।

सुमित परिहार ने साइबर अपराधियों का पता लगाने और उन्हें ट्रैक करने के लिए कई नवीन तकनीकों का विकास किया है। उनकी मेहनत और योगदान ने भारतीय व्यवसायों और नागरिकों को साइबर खतरों से सुरक्षित रखने में महत्वपूर्ण योगदान दिया है। उनकी सफलता की कहानी और शोध कार्य प्रमुख सुरक्षा प्रकाशनों में प्रकाशित हो चुके हैं, और वे इस क्षेत्र में एक प्रतिष्ठित नाम हैं।

प्रस्तावना

आज के डिजिटल युग में, ऑनलाइन दुनिया हमारे दैनिक जीवन का अभिन्न हिस्सा बन चुकी है, जहां असीमित अवसर और संसाधन उपलब्ध हैं। लेकिन इस सुविधा के साथ एक अंधेरा पहलू भी आता है—जहां साइबर अपराधी लोगों की कमजोरियों का फायदा उठाकर गंभीर परिणाम उत्पन्न करते हैं, खासकर युवा लड़कियों के लिए। वर्षों से साइबर सुरक्षा के क्षेत्र में काम करने के दौरान, मैंने प्रत्यक्ष रूप से देखा है कि कैसे साइबर अपराध, विशेष रूप से ऑनलाइन ब्लैकमेल और उत्पीड़न, लड़कियों को निशाना बनाता है। *गर्ल साइबर डिफेंस* नामक यह पुस्तक मेरी कोशिश है कि एक व्यापक मार्गदर्शिका प्रस्तुत कर सकूं, जो न केवल लड़कियों की सुरक्षा कर सके, बल्कि उन्हें इस खतरनाक डिजिटल दुनिया में सशक्त बना सके।

साइबर सुरक्षा के क्षेत्र में मेरी यात्रा तब शुरू हुई जब मैंने महसूस किया कि लोग, खासकर युवा लड़कियां, साइबर अपराधी के खतरों का सामना करने में कितनी असहाय होती हैं। **Binary Raise** के संस्थापक और सीईओ के रूप में, और गर्ल साइबर डिफेंस मिशन का नेतृत्व करते हुए, मैंने सैकड़ों लड़कियों को प्रशिक्षित और मार्गदर्शित किया है। मैंने उन्हें यह समझाया कि कैसे आधुनिक हैकिंग तकनीकें और उत्पीड़न करने वाले ऑनलाइन प्लेटफार्मों का दुरुपयोग करते हैं। इस यात्रा में, मुझे कई युवा लड़कियों की जिंदगियों को बचाने का सौभाग्य मिला है, जो ऑनलाइन उत्पीड़न और ब्लैकमेलिंग का शिकार होकर आत्महत्या तक का विचार कर चुकी थीं।

यह पुस्तक रातों-रात नहीं लिखी गई—यह वर्षों के वास्तविक अनुभव, शोध और मेरी गहरी व्यक्तिगत प्रतिबद्धता का परिणाम है। मुझे इस विशेषज्ञता को एक ऐसी सरल भाषा में बदलने में काफी समय लगा, जो तकनीकी जानकारी न रखने वालों के लिए भी समझने योग्य हो। इस पुस्तक को लिखने के लिए मेरी सबसे बड़ी प्रेरणा उन लड़कियों की कहानियाँ थीं, जिनके पास वापस लड़ने का कोई तरीका नहीं था, जो साइबर खतरों के सामने अकेली और असहाय महसूस कर रही थीं। मैंने चाहा कि उनके पास एक ऐसा संसाधन हो जो व्यावहारिक हो और उन्हें सशक्त करे।

पिछले कुछ वर्षों में, मैंने राजस्थान के पाली जिले में 15-दिवसीय प्रशिक्षण कार्यक्रम विकसित किया है, जो विश्व का पहला गर्ल साइबर डिफेन्स ट्रेनिंग सेण्टर है , जहां मैं लड़कियों को साइबर हमलों से अपनी सुरक्षा के तरीके सिखाता हूं। यह पुस्तक उन प्रशिक्षण सत्रों से सीखे गए सबक पर आधारित है, और इसमें सामान्य साइबर खतरों की पहचान, आत्मरक्षा के व्यावहारिक उपकरण, और डर और धमकी से लड़ने की मानसिक रणनीतियाँ शामिल हैं।

मेरा यह उद्देश्य है कि यह पुस्तक उन लड़कियों के लिए एक प्रकाशस्तंभ बने जो ऑनलाइन दुनिया में खोई हुई या खतरे में महसूस करती हैं। मुझे उम्मीद है कि इसे पढ़कर वे शक्ति, ज्ञान और आत्मविश्वास प्राप्त करेंगी, ताकि वे न केवल अपनी रक्षा कर सकें, बल्कि उन खतरों से ऊपर उठकर अपने डिजिटल भविष्य को नियंत्रित कर सकें।

मैं यह पुस्तक उन बहादुर लड़कियों को समर्पित करता हूं जिन्होंने साइबर खतरों का सामना किया है, और उन लड़कियों को जो भविष्य में इसे करने का साहस पाएंगी।

सप्रेम, सुमित परिहार
संस्थापक और सीईओ, Binary Raise
संस्थापक, गर्ल साइबर डिफेंस मिशन

यात्रा प्रारम्भ

आज के समय में, जब तकनीक हमारे जीवन के हर पहलू में गहराई से जुड़ी हुई है, इंटरनेट एक दोधारी तलवार की तरह है। यह हमें जोड़ता है, हमें असीमित अवसरों की ओर ले जाता है, लेकिन इसके साथ कई खतरों को भी लेकर आता है, जिनसे कई लड़कियां अनजान होती हैं। इस किताब के माध्यम से मेरा विनम्र प्रयास है कि उन खतरों पर प्रकाश डालूं और आपको एक सुरक्षित डिजिटल दुनिया में चलने के व्यावहारिक तरीके प्रदान करूं।

मैंने इस किताब में गहराई से तकनीकी शब्दावली या जटिल अवधारणाओं का उपयोग नहीं किया है। मेरा उद्देश्य इस जानकारी को हर किसी के लिए सुलभ बनाना है, चाहे वे किसी भी पृष्ठभूमि से हों। मैं आपको सशक्त महसूस कराना चाहता हूँ, न कि भ्रमित। आपको इन पन्नों में दी गई जानकारी को समझने के लिए पहले से कोई तकनीकी ज्ञान की आवश्यकता नहीं है। इसके बजाय, मैंने वास्तविक जीवन की कहानियों, सरल रणनीतियों और उन अनिवार्य कौशलों पर ध्यान केंद्रित किया है जिनसे आप ऑनलाइन दुनिया में खुद को सुरक्षित रख सकें।

यह किताब हर उस लड़की के लिए है, जिसने कभी ऑनलाइन खोया हुआ या असुरक्षित महसूस किया हो। यह एक मार्गदर्शिका है, जो आपको साइबर खतरों को समझने, हानिकारक स्थितियों को पहचानने और खुद को प्रभावी ढंग से बचाने का तरीका सिखाएगी। इस यात्रा में हम मिलकर साइबर अपराधों के खिलाफ मजबूती से खड़े होने और तकनीक का आत्मविश्वास के साथ उपयोग करने के तरीकों को समझेंगे।

आइए, मेरे साथ इस यात्रा पर चलिए, जहां हम सीखेंगे, साझा करेंगे और बढ़ेंगे। आपके पास अपनी ऑनलाइन दुनिया को नियंत्रित करने की शक्ति है, और मैं हर कदम पर आपकी मदद के लिए यहाँ हूँ।

1

सोशल मीडिया खाता हैकिंग

सोशल मीडिया आज के दौर में एक वैश्विक घटना बन गया है, जिसमें अरबों लोग प्रतिदिन फेसबुक, इंस्टाग्राम और ट्विटर जैसे प्लेटफार्मों का उपयोग कर एक-दूसरे से जुड़ते हैं, विचार साझा करते हैं और नवीनतम जानकारी प्राप्त करते हैं। यह तात्कालिक संचार, नेटवर्किंग के अवसर और व्यापक दर्शकों तक पहुंचने की क्षमता जैसी कई सुविधाएँ प्रदान करता है। व्यवसाय भी मार्केटिंग और ब्रांड-निर्माण के लिए सोशल मीडिया का लाभ उठाते हैं। हालांकि, इन प्लेटफार्मों के व्यापक उपयोग के साथ-साथ कई जोखिम भी बढ़ जाते हैं। हैकर अक्सर सोशल मीडिया खातों को लक्षित करते हैं, फिशिंग, पासवर्ड चोरी, या सुरक्षा में कमी का फायदा उठाकर। इससे व्यक्तिगत डेटा की चोरी, पहचान की चोरी, या वित्तीय हानि हो सकती है, जो मजबूत साइबर सुरक्षा उपायों की आवश्यकता को दर्शाती है। इसलिए, सोशल मीडिया के फायदों को हैकिंग के खतरों के साथ संतुलित करना सुरक्षित ऑनलाइन सहभागिता के लिए बेहद जरूरी है।

हैकर अक्सर लड़कियों को सोशल मीडिया खातों को हैक करके ब्लैकमेल करते हैं। जब वे एक बार खाते में प्रवेश कर लेते हैं, तो वे व्यक्तिगत जानकारी, निजी संदेश, या संवेदनशील तस्वीरें चुरा लेते हैं। हैकर फिर इस चोरी की गई जानकारी का उपयोग करके पीड़िता को धमकाते हैं, पैसे, अधिक निजी सामग्री, या अन्य प्रकार की मांग करते हैं। वे इस जानकारी को सार्वजनिक रूप से या लड़की के परिवार और दोस्तों के साथ साझा करने की धमकी देते हैं, जिससे भय और दबाव

पैदा होता है। इन धमकियों का मानसिक बोझ विनाशकारी हो सकता है, और कई लड़कियाँ खुद को फंसा हुआ, शर्मिंदा, और असहाय महसूस करती हैं। गंभीर मामलों में, यह मानसिक दबाव कुछ को आत्महत्या के विचारों तक भी पहुंचा सकता है, उन्हें ऐसा महसूस कराते हुए कि उनके पास कोई रास्ता नहीं है।

सोशल मीडिया खाते व्यक्तिगत जानकारी का खजाना बन गए हैं, विशेष रूप से लड़कियों के लिए, जिससे वे उन हमलावरों का प्राथमिक लक्ष्य बन जाती हैं जो ब्लैकमेल करना चाहते हैं। कई लड़कियाँ इंस्टाग्राम, फेसबुक और स्नैपचैट जैसे प्लेटफार्मों पर व्यक्तिगत तस्वीरें, संदेश, और यहाँ तक कि अपने जीवन की निजी जानकारी साझा करती हैं। अक्सर, वे अनजाने में कमजोर पासवर्ड का उपयोग करके, दो-कारक प्रमाणीकरण सक्षम नहीं करके, या निजी संदेशों में संवेदनशील सामग्री साझा करके अपने खातों को असुरक्षित छोड़ देती हैं, यह सोचकर कि केवल भरोसेमंद दोस्त ही इसे देखेंगे। हैकर और दुर्भावनापूर्ण व्यक्ति इन कमजोरियों का फायदा उठाकर खातों में unauthorized access प्राप्त करते हैं। एक बार भीतर पहुँचने के बाद, वे निजी तस्वीरें डाउनलोड कर सकते हैं, गोपनीय चैट पढ़ सकते हैं, या पीड़िता को धमकाने के लिए पर्याप्त व्यक्तिगत जानकारी इकट्ठा कर सकते हैं। इससे सोशल मीडिया खाते ब्लैकमेलरों के लिए पसंदीदा उपकरण बन जाते हैं, जो मिले हुए डेटा के आधार पर पैसे या अधिक संवेदनशील सामग्री की मांग कर सकते हैं। चूंकि इन खातों में अक्सर गहरी व्यक्तिगत जानकारी होती है, इसलिए पीड़ितों पर मनोवैज्ञानिक दबाव अत्यधिक हो सकता है, जिससे वे हमलावर की मांगों को पूरा करने के लिए मजबूर हो जाते हैं। असल में, सोशल मीडिया खातों में संगृहीत व्यक्तिगत रहस्यों की प्रचुरता हमलावरों के लिए एक सोने की खान बनाती है, जो कमजोर उपयोगकर्ताओं, विशेष रूप से लड़कियों, को हेरफेर या शोषण करना चाहते हैं।

जब किसी सोशल मीडिया खाते को हैक किया जाता है, तो हमलावर संवेदनशील जानकारी तक पहुंच प्राप्त कर सकता है, जिसका उपयोग हानिकारक उद्देश्यों के लिए किया जा सकता है। उदाहरण के लिए, वे आपके निजी संदेश या चैट देख सकते हैं, जिसमें व्यक्तिगत या शर्मनाक विवरण हो सकते हैं। वे आपके निजी फोटो और वीडियो तक भी पहुँच सकते हैं, जिनमें से कुछ शायद भरोसेमंद दोस्तों के साथ साझा किए गए थे या सार्वजनिक रूप से छिपाए गए थे। आपके खाते पर नियंत्रण के साथ, हैकर आपके नाम से संदेश भी भेज सकता है, झूठी

जानकारी फैलाते हुए या आपके दोस्तों और अनुयायियों को भटका सकता है। इससे आपकी प्रतिष्ठा को नुकसान हो सकता है, लोग आप पर विश्वास खो सकते हैं, या यहां तक कि आपके खिलाफ हो सकते हैं। गंभीर मामलों में, हमलावर इस चोरी की गई जानकारी का उपयोग करके आपको ब्लैकमेल कर सकते हैं, विशेष रूप से महिलाओं को लक्षित करते हुए, व्यक्तिगत तस्वीरें या बातचीत सार्वजनिक करने की धमकी देकर जब तक आप उनकी मांगों को पूरा नहीं करते। इससे एक पीड़िता पर अत्यधिक मानसिक तनाव पड़ सकता है, जिससे वे असहाय महसूस करती हैं।

जब कोई आपके सोशल मीडिया खाते को हैक करता है, तो वे आपके व्यक्तिगत जीवन को गंभीर नुकसान पहुंचा सकते हैं, विशेष रूप से आपकी प्रतिष्ठा के मामले में। हैकर आपके निजी संदेशों, तस्वीरों और अन्य संवेदनशील जानकारी तक पहुंच प्राप्त कर सकते हैं। वे अनुचित सामग्री पोस्ट कर सकते हैं या झूठी जानकारी फैला सकते हैं जैसे कि यह आपके द्वारा आ रही हो। इससे लोग यह मान सकते हैं कि आप ऐसी चीजें कर रहे हैं या कह रहे हैं जो आपने कभी नहीं की। एक लड़की के लिए, यह विशेष रूप से हानिकारक हो सकता है। हैकर आपके खाते का उपयोग करके आपको ब्लैकमेल कर सकते हैं, निजी तस्वीरें, बातचीत, या शर्मनाक विवरण साझा करने की धमकी देकर, जब तक आप उन्हें पैसे या उनकी मांगें पूरी नहीं करते। वे आपको अधिक व्यक्तिगत जानकारी देने के लिए भी प्रलोभित कर सकते हैं, जिसका वे फिर से ब्लैकमेल करने के लिए उपयोग कर सकते हैं। इस प्रकार का साइबर अपराध दीर्घकालिक प्रभाव डाल सकता है, जिससे मानसिक तनाव, संबंधों को नुकसान, और यहां तक कि आपके करियर पर भी बुरा असर पड़ सकता है। हमलावर उस भय और शर्मिंदगी पर निर्भर करते हैं जो आपके जीवन के निजी पहलुओं के उजागर होने के साथ आता है, जिससे पीड़ित के लिए मदद मांगना मुश्किल हो जाता है।

सुरक्षा टिप्स

1. **नियमित रूप से पासवर्ड बदलें:** अपने सोशल मीडिया खातों को हैकिंग और संभावित ब्लैकमेल से सुरक्षित रखने के लिए नियमित रूप से पासवर्ड बदलना

एक महत्वपूर्ण प्रथा है। जब आप एक पासवर्ड बनाते हैं, तो यह आपकी व्यक्तिगत जानकारी और साइबर अपराधियों के बीच एक बाधा के रूप में कार्य करता है। हालाँकि, यदि आप एक ही पासवर्ड का लंबे समय तक उपयोग करते हैं, तो यह हैकरों के लिए इसे अनुमान लगाना या तोड़ना आसान हो जाता है, विशेषकर यदि उन्हें आपके बारे में काफी जानकारी हो । पासवर्ड को बार-बार बदलकर—आदर्श रूप से हर कुछ महीने में—आप अनधिकृत पहुंच के जोखिम को कम करते हैं। एक मजबूत पासवर्ड चुनें जिसमें बड़े और छोटे अक्षरों, संख्याओं, और विशेष सिंबल का मिश्रण हो। जन्मदिन या नाम जैसी आसानी से अनुमान लगाने वाली जानकारी का उपयोग करने से बचें। जब भी संभव हो, दो-कारक प्रमाणीकरण (2FA) सक्षम करें। यह आपके पासवर्ड के अलावा दूसरी पुष्टि के रूप में एक अतिरिक्त सुरक्षा परत जोड़ता है, जैसे कि टेक्स्ट संदेश कोड या प्रमाणीकरण ऐप। यदि आपको संदेह है कि कोई आपके खाते को हैक करने की कोशिश कर रहा है या यदि आपने संदिग्ध संदेश प्राप्त किए हैं, तो तुरंत अपना पासवर्ड बदलें। यह सक्रिय दृष्टिकोण आपको साइबरबुलिंग और ब्लैकमेल से बचाने में मदद कर सकता है। याद रखें, आपकी ऑनलाइन सुरक्षा आपकी शारीरिक सुरक्षा के समान महत्वपूर्ण है, इसलिए नियमित रूप से अपने पासवर्ड को अपडेट करना और अपनी ऑनलाइन उपस्थिति के प्रति सजग रहना एक आदत बनाएं।

2. 2FA को चालू करें: दो-कारक प्रमाणीकरण (2FA) चालू करना आपके सोशल मीडिया खातों की सुरक्षा को बढ़ाने और हैकिंग तथा संभावित ब्लैकमेल से बचाने के लिए एक महत्वपूर्ण कदम है। 2FA आपके पासवर्ड के अलावा एक अतिरिक्त सुरक्षा परत जोड़ता है। जब आप लॉग इन करते हैं, तो पासवर्ड दर्ज करने के बाद, आपको अपने मोबाइल डिवाइस या ईमेल पर एक अद्वितीय कोड प्राप्त होता है। इसका अर्थ है कि भले ही कोई आपके पासवर्ड को अनुमानित या चुरा ले, वह इस दूसरे कोड के बिना आपके खाते में प्रवेश नहीं कर सकता। 2FA सक्षम करने के लिए, अपने सोशल मीडिया खाते की सुरक्षा सेटिंग्स पर जाएं, 2FA विकल्प की तलाश करें, और इसे सेट करने के लिए निर्देशों का पालन करें। आपको अपने फोन नंबर को लिंक करने या एक प्रमाणीकरण ऐप डाउनलोड करने की आवश्यकता हो सकती है जो ये कोड उत्पन्न करता है। एक बार सक्षम होने के बाद, हमेशा सुनिश्चित करें कि आपकी पुनर्प्राप्ति विकल्प सुरक्षित हैं, जैसे मजबूत पासवर्ड का उपयोग करना और अपने ईमेल खाते की सुरक्षा करना, क्योंकि ये हैकरों के लिए प्रवेश बिंदु हो सकते हैं। इन कदमों को उठाकर, आप अनधिकृत

पहुंच के जोखिम को महत्वपूर्ण रूप से कम कर सकते हैं, व्यक्तिगत जानकारी की सुरक्षा में मदद कर सकते हैं और उन स्थितियों से बच सकते हैं जैसे ब्लैकमेल, जो तब हो सकता है जब संवेदनशील डेटा बुरे इरादों वाले व्यक्तियों द्वारा एक्सेस किया जाए। याद रखें, आपकी ऑनलाइन सुरक्षा आपके हाथों में है, और 2FA का उपयोग करना आपके सोशल मीडिया खातों को सुरक्षित रखने के लिए सबसे अच्छे तरीकों में से एक है।

3. **अन्य वेबसाइटों के लिए पासवर्ड बदलें जो समान या समान यूजरनेम का उपयोग करती हैं:** अपने सोशल मीडिया खातों को हैकिंग और संभावित ब्लैकमेल से सुरक्षित रखने के लिए एक महत्वपूर्ण कदम है उन अन्य वेबसाइटों के लिए पासवर्ड बदलना जो समान या समान यूजरनेम का उपयोग करती हैं। कई लोग अक्सर कई प्लेटफार्मों पर एक ही यूजरनेम का उपयोग करते हैं, जिससे हैकरों के लिए एक खाता हैक करने पर विभिन्न खातों तक पहुंच प्राप्त करना आसान हो जाता है। अपनी सुरक्षा के लिए, प्रत्येक खाते के लिए एक अद्वितीय पासवर्ड बनाने से शुरुआत करें, विशेष रूप से सोशल मीडिया, ईमेल, और किसी भी साइटों के लिए जहाँ आप व्यक्तिगत जानकारी साझा करते हैं। एक मजबूत पासवर्ड कम से कम 12 वर्णों का होना चाहिए और इसमें बड़े और छोटे अक्षरों, संख्याओं, और विशेष सिंबल का मिश्रण होना चाहिए। अपने पासवर्ड अपडेट करने के बाद, एक पल का समय निकालकर जांचें कि क्या आपके किसी खाते का यूजरनेम समान है। यदि ऐसा है, तो उन यूजरनेम को कुछ अलग में बदल दें। इससे यह सुनिश्चित करने में मदद मिलेगी कि यदि कोई हैकर आपके किसी यूजरनेम को ढूंढता है, तो वे इसे आपके अन्य खातों से आसानी से नहीं जोड़ पाएंगे। इसके अतिरिक्त, जब भी संभव हो, दो-कारक प्रमाणीकरण सक्षम करें, क्योंकि इससे लॉग इन करने से पहले आपके फोन या ईमेल पर भेजे गए कोड की आवश्यकता होती है, जिससे सुरक्षा की एक अतिरिक्त परत जुड़ जाती है। इन कदमों को उठाकर, आप हैकिंग के जोखिम को महत्वपूर्ण रूप से कम कर सकते हैं और संभावित खतरों से खुद को बचा सकते हैं, जिसमें ब्लैकमेल भी शामिल है। हमेशा सतर्क रहें और नियमित रूप से अपने खाता सुरक्षा सेटिंग्स की समीक्षा करें ताकि आप एक कदम आगे रह सकें।

4. **पहुंच की रिपोर्ट करें:** यदि आपको संदेह है कि किसी ने आपके खाते में अनधिकृत पहुंच प्राप्त की है, तो इसे तुरंत सोशल मीडिया प्लेटफॉर्म पर रिपोर्ट

करना महत्वपूर्ण है। उनके पास अक्सर आपके खाते को पुनर्प्राप्त करने और आगे के उल्लंघनों के खिलाफ सुरक्षा करने के लिए प्रक्रियाएं होती हैं। अंत में, खुद को और दूसरों को सोशल मीडिया के संभावित खतरों के बारे में शिक्षित करना, जिसमें ब्लैकमेल का जोखिम भी शामिल है, उपयोगकर्ताओं को बेहतर तरीके से सुरक्षा के लिए सशक्त बना सकता है। सतर्क और सक्रिय रहकर, हम सभी के लिए एक सुरक्षित ऑनलाइन वातावरण बना सकते हैं।

5. बहुत अधिक जानकारी साझा न करें: सोशल मीडिया का उपयोग करते समय, हैकिंग, पहचान चोरी, या ब्लैकमेल से खुद को बचाने के लिए जो व्यक्तिगत जानकारी आप साझा करते हैं, उसके प्रति सतर्क रहना महत्वपूर्ण है। कुछ प्रमुख प्रकार की जानकारी जो कभी भी साझा नहीं की जानी चाहिए, उनमें आपका पूरा नाम, घर का पता, फोन नंबर, या कोई पहचान विवरण जैसे पासपोर्ट नंबर या आधार कार्ड की जानकारी शामिल है। उदाहरण के लिए, अपने ड्राइवर का लाइसेंस की तस्वीर पोस्ट करना या वास्तविक समय में अपने स्थान को साझा करना बुरे इरादों वाले लोगों को आपकी लोकेशन को ट्रैक करने या आपका अनुकरण करने के लिए पर्याप्त डेटा दे सकता है। इसके अतिरिक्त, संवेदनशील व्यक्तिगत तस्वीरें या आपकी निजी जिंदगी के अंतरंग विवरण साझा करने से बचें, क्योंकि इससे आप ब्लैकमेल या जबरन वसूली के प्रति कमजोर हो सकते हैं। उदाहरण के लिए, एक युवा लड़की जो किसी विश्वसनीय व्यक्ति के साथ व्यक्तिगत तस्वीरें साझा करती है, वह उन तस्वीरों के दुरुपयोग का शिकार हो सकती है यदि वे गलत हाथों में पड़ जाएं। वित्तीय विवरण जैसे बैंक खाता नंबर, क्रेडिट कार्ड की जानकारी, या यहां तक कि वेतन की तस्वीरें भी निजी रखी जानी चाहिए, क्योंकि हैकर इनका उपयोग धोखाधड़ी करने या पैसे चुराने के लिए कर सकते हैं। अंततः, अपनी दैनिक दिनचर्या के बारे में अधिक जानकारी साझा करने से बचें, जैसे कि यह पोस्ट करना कि आप कब घर पर अकेले हैं या छुट्टी पर गए हैं, क्योंकि इससे संभावित अपराधियों को आपकी कमजोरी के बारे में जानकारी मिल सकती है। सुरक्षित रहने के लिए, सोशल मीडिया पर प्राइवेसी सेटिंग्स का उपयोग करना, यह जानना कि आपके पोस्ट को कौन देख सकता है, और हमेशा यह सोचने में सतर्क रहना आवश्यक है कि क्या साझा करना आपके सुरक्षा या प्रतिष्ठा को जोखिम में डाल सकता है।

6. **अपने डिवाइस से संदिग्ध ऐप्स हटाएँ:** अपने डिवाइस को हैकर्स से सुरक्षित रखने और ब्लैकमेलिंग से बचने के लिए सबसे महत्वपूर्ण कदमों में से एक है संदिग्ध ऐप्स को हटाना। संदिग्ध ऐप्स वे होते हैं जिन्हें आप पहचानते नहीं, जिन्हें आपने जानबूझकर डाउनलोड नहीं किया, या जो अजीब व्यवहार कर रहे हैं, जैसे कि बार-बार क्रैश होना या बिना आवश्यकता की अनुमति माँगना। उदाहरण के लिए, यदि आपके पास एक ऐसा ऐप है जो सोशल मीडिया प्लेटफॉर्म होने का दावा करता है लेकिन आपके संपर्कों, कैमरा और स्थान तक पहुँच की मांग कर रहा है, तो यह संभव है कि वह आपकी व्यक्तिगत जानकारी को हानि पहुँचाने के उद्देश्य से एकत्रित कर रहा हो। सामाजिक मीडिया का सुरक्षित उपयोग करने और अपनी रक्षा करने के लिए, हमेशा विश्वसनीय स्रोतों से ऐप्स डाउनलोड करें, जैसे कि आधिकारिक ऐप स्टोर (एंड्रॉइड के लिए गूगल प्ले स्टोर या आईओएस के लिए एप्पल ऐप स्टोर)। आपको नियमित रूप से अपने डिवाइस पर इंस्टॉल किए गए ऐप्स की जांच करनी चाहिए और किसी भी संदिग्ध या अनावश्यक ऐप्स को हटा देना चाहिए। इसके अलावा, उन प्रतिष्ठित सोशल मीडिया प्लेटफार्मों का उपयोग करने पर विचार करें जिनमें मजबूत सुरक्षा सुविधाएँ हों, जैसे कि दो-चरणीय प्रमाणीकरण। यह एक अतिरिक्त सुरक्षा परत जोड़ता है, क्योंकि लॉगिन करते समय आपके पासवर्ड के अलावा आपके फोन पर भेजा गया कोड आवश्यक होता है। सतर्क रहकर और अपने डिवाइस को संदिग्ध ऐप्स से मुक्त रखकर, आप अपनी व्यक्तिगत जानकारी की सुरक्षा कर सकते हैं और हैकिंग या ब्लैकमेलिंग का शिकार बनने के जोखिम को कम कर सकते हैं।

7. **समय-समय पर अपनी सुरक्षा और गोपनीयता सेटिंग्स की जांच करें:** ऑनलाइन खतरों से खुद को सुरक्षित रखने के लिए समय-समय पर अपनी सुरक्षा और गोपनीयता सेटिंग्स की जांच करना बहुत महत्वपूर्ण है। कई लोग अपने खातों को बनाते समय उपलब्ध गोपनीयता विकल्पों को पूरी तरह से समझ नहीं पाते हैं, जिससे वे हैकिंग और अन्य जोखिमों के प्रति संवेदनशील हो जाते हैं। उदाहरण के लिए, एक युवा महिला जो अपने सामाजिक मीडिया खातों पर बहुत सारी व्यक्तिगत जानकारी और तस्वीरें साझा करती है। यदि उसकी गोपनीयता सेटिंग्स सही तरीके से कॉन्फ़िगर नहीं की गई हैं, तो कोई भी—यहाँ तक कि अजनबी भी—उसकी पोस्ट देख सकता है और यहां तक कि उसे ट्रैक कर सकता है। इससे unwanted attention हो सकता है और सबसे खराब स्थिति में, यह उसे ब्लैकमेलिंग के खतरे में डाल सकता है यदि कोई उसके निजी फ़ोटो या जानकारी

को साझा करने की धमकी देता है। अपनी सुरक्षा सेटिंग्स की नियमित रूप से जांच करके, वह सुनिश्चित कर सकती है कि उसके प्रोफाइल निजी हैं, जिसका मतलब है कि केवल मित्र या स्वीकृत फॉलोवर्स ही उसकी पोस्ट देख सकते हैं। उसे दो-चरणीय प्रमाणीकरण सक्षम करना चाहिए, जो नए डिवाइस से लॉगिन करते समय उसके फोन पर भेजे गए कोड की आवश्यकता करता है। इसके अलावा, उसे नियमित रूप से अपने मित्र सूची की समीक्षा करनी चाहिए और किसी भी ऐसे संपर्क को हटा देना चाहिए जिसे वह अब भरोसेमंद नहीं मानती। यदि उसे अनजान उपयोगकर्ताओं से संदेश प्राप्त होते हैं, तो उसे किसी भी जानकारी को साझा करने में सतर्क रहना चाहिए, भले ही वे दोस्ताना प्रतीत हों। अपनी सुरक्षा सेटिंग्स को अद्यतित रखना और यह जानना कि उसकी व्यक्तिगत जानकारी तक किसकी पहुँच है, उसकी हैकिंग या ब्लैकमेलिंग के जोखिम को काफी हद तक कम कर सकता है। इन सेटिंग्स की नियमित समीक्षा उसे अपनी ऑनलाइन उपस्थिति पर नियंत्रण बनाए रखने और संभावित खतरे से खुद को सुरक्षित रखने में मदद करती है।

8. अपने सोशल मीडिया अकाउंट को निजी रखें: अपने सोशल मीडिया अकाउंट को निजी रखना आपके व्यक्तिगत जानकारी की सुरक्षा का एक सबसे प्रभावशाली तरीका है और यह unwanted attention या संभावित हानि को रोकने में मदद करता है। जब आप अपने अकाउंट को निजी सेट करते हैं, तो केवल वे लोग जिन्हें आप स्वीकृत करते हैं, आपकी पोस्ट, तस्वीरें और व्यक्तिगत विवरण देख सकते हैं। यह हैकर्स को आपकी जानकारी तक पहुँचने के जोखिम को सीमित करता है, क्योंकि वे आपकी प्रोफ़ाइल को आपकी अनुमति के बिना नहीं देख सकते। उदाहरण के लिए, एक युवा महिला, रिया, जो सोशल मीडिया का उपयोग करके दोस्तों के साथ कनेक्ट होती है और अपनी ज़िंदगी साझा करती है। जब उसका अकाउंट सार्वजनिक होता है, तो कोई भी, यहाँ तक कि अजनबी भी, उसकी तस्वीरें, पोस्ट और यहाँ तक कि स्थान देख सकते हैं, जिससे वह unwanted संपर्क या उत्पीड़न के लिए संवेदनशील हो जाती है। इस खतरे को महसूस करने के बाद, रिया अपने सेटिंग्स को निजी करती है, जिसका मतलब है कि केवल उसके दोस्त ही उसकी सामग्री देख सकते हैं। यह छोटा सा कदम उसकी जानकारी के दुरुपयोग के अवसर को काफी हद तक कम कर देता है। यह ब्लैकमेलिंग जैसी स्थितियों को रोकने में महत्वपूर्ण है, जहाँ कोई उसके निजी फोटो या संदेशों को उजागर करने की धमकी दे सकता है। अपने अकाउंट को निजी रखकर, रिया अपनी ज़िंदगी को

साझा कर सकती है बिना unwanted attention के डर के, और डिजिटल दुनिया में अपनी सुरक्षा और मन की शांति सुनिश्चित कर सकती है।

9. फॉलोवर्स बनाम फॉलोइंग: सोशल मीडिया में "फॉलोवर्स" और "फॉलोइंग" दो महत्वपूर्ण अवधारणाएँ हैं जो उपयोगकर्ताओं के बीच इंटरएक्शन को प्रभावित करती हैं। जब कोई आपको फॉलो करता है, तो वह आपकी पोस्ट और अपडेट अपने फीड पर देखता है, जबकि "फॉलोइंग" का मतलब है कि आप किसी और के अपडेट्स की सदस्यता ले रहे हैं। फॉलोवर्स की संख्या लोकप्रियता या प्रभाव को इंगित कर सकती है, लेकिन बहुत अधिक फॉलोवर्स होना भी जोखिम भरा हो सकता है। उदाहरण के लिए, यदि एक लड़की के बहुत सारे फॉलोवर्स हैं, तो उसकी व्यक्तिगत जानकारी, तस्वीरें, और अपडेट्स कई लोगों के सामने उजागर हो सकते हैं, जिनमें से कुछ के पास हानिकारक इरादे हो सकते हैं। यह हैकिंग जैसी स्थितियों का कारण बन सकता है, जहाँ कोई उसकी अनुमति के बिना उसके अकाउंट तक पहुँच सकता है, या ब्लैकमेलिंग, जहाँ एक दुष्ट फॉलोवर निजी जानकारी या तस्वीरें साझा करने की धमकी देता है जब तक कि कुछ माँगे पूरी नहीं की जातीं। एक वास्तविक जीवन का उदाहरण है एक युवा महिला का, जिसने सोशल मीडिया पर खुलकर अपने जीवन को साझा किया और हजारों फॉलोवर्स प्राप्त किए। उसके एक फॉलोवर ने, जो समर्थन का दिखावा कर रहा था, उसकी भरोसेमंदता हासिल की और उसे निजी तस्वीरें साझा करने के लिए मनाने में सफल रहा। बाद में, इस फॉलोवर ने उन तस्वीरों का उपयोग करके उसे धमकाया, पैसे और आगे की व्यक्तिगत जानकारी मांगते हुए। ऐसी स्थितियों से बचने के लिए, यह महत्वपूर्ण है कि आप फॉलोवर्स को केवल उन लोगों तक सीमित करें जिन्हें आप जानते और भरोसा करते हैं, अपने अकाउंट को निजी रखें, और ऑनलाइन व्यक्तिगत विवरण साझा करते समय सतर्क रहें। मजबूत, अनोखे पासवर्ड का उपयोग करना और दो-चरणीय प्रमाणीकरण सक्षम करना भी अकाउंट की सुरक्षा में मदद कर सकता है। सोशल मीडिया प्लेटफार्म अक्सर यह सेटिंग्स प्रदान करते हैं कि कौन आपकी पोस्ट देख सकता है और कौन आपको फॉलो कर सकता है, जो व्यक्तिगत जानकारी की सुरक्षा और ब्लैकमेलिंग या हैकिंग के जोखिम को कम करने के लिए आवश्यक है।

10. अपने डिवाइस को मालवेयर के लिए स्कैन करें: अपने डिवाइस को मालवेयर के लिए स्कैन करना व्यक्तिगत जानकारी को सुरक्षित रखने के लिए

एक महत्वपूर्ण कदम है, खासकर जब आप सोशल मीडिया प्लेटफार्मों का उपयोग कर रहे हों। मालवेयर, जिसका मतलब है "दुष्ट सॉफ्टवेयर", आपके द्वारा उपयोग किए जाने वाले ऐप्स, ईमेल या वेबसाइटों में छिपा हो सकता है, और यह आपके डिवाइस को नुकसान पहुँचा सकता है या आपकी जानकारी चुरा सकता है। अपने डिवाइस को स्कैन करने के लिए, आप एंटीवायरस सॉफ्टवेयर या उन सुरक्षा सुविधाओं का उपयोग कर सकते हैं जो कई ऑपरेटिंग सिस्टम प्रदान करते हैं। उदाहरण के लिए, मान लीजिए, रिया, एक हाई स्कूल की छात्रा, नियमित रूप से अपने जीवन को साझा करने और दोस्तों से जुड़ने के लिए सोशल मीडिया का उपयोग करती है। एक दिन, उसे एक ऐसे व्यक्ति से फ्रेंड रिक्वेस्ट मिलती है जिसे वह नहीं जानती। जिज्ञासु होकर, वह इसे स्वीकार कर लेती है। थोड़ी देर बाद, वह अपने अकाउंट पर अजीब गतिविधियाँ देखती है, जैसे कि बिना उसकी जानकारी के संदेश भेजना। यह एक संकेत है कि उसके डिवाइस पर मालवेयर स्थापित हो सकता है। अपने डिवाइस को विश्वसनीय एंटीवायरस सॉफ़्टवेयर से नियमित रूप से स्कैन करके, रिया मालवेयर की पहचान करती है और उसे हटा देती है, यह सुनिश्चित करते हुए कि उसकी व्यक्तिगत जानकारी, जैसे कि तस्वीरें और संदेश, गोपनीय बनी रहे। इसके अलावा, वह सीखती है कि फ्रेंड रिक्वेस्ट के प्रति सतर्क रहना और केवल उन लोगों को स्वीकार करना जो वह जानती है, हैकर्स के साथ मुठभेड़ करने के जोखिम को कम करता है जो संवेदनशील जानकारी के साथ ब्लैकमेल करने की कोशिश कर सकते हैं। नियमित स्कैन न केवल उसके डिवाइस की सुरक्षा में मदद करते हैं बल्कि उसे सोशल मीडिया का सुरक्षित उपयोग करने के लिए सशक्त भी बनाते हैं, जो हैकिंग और ब्लैकमेलिंग जैसे खतरों से बचाने के लिए एक सकारात्मक ऑनलाइन अनुभव तैयार करता है।

11. अपनी हाल की गतिविधियों की जांच करें : सोशल मीडिया पर अपनी हाल की गतिविधियों की जांच करना आपके ऑनलाइन सुरक्षा और गोपनीयता के लिए अत्यंत आवश्यक है। यह सुविधा उपयोगकर्ताओं को उनके सभी कार्यों की समीक्षा करने की अनुमति देती है, जैसे पोस्ट, टिप्पणियाँ, लाइक, और विभिन्न उपकरणों से लॉगिन। कल्पना कीजिए, आप एक युवा महिला हैं, जिसका नाम रिया है, जो नियमित रूप से अपने जीवन की तस्वीरें और अपडेट एक प्रसिद्ध सोशल मीडिया प्लेटफॉर्म पर साझा करती है। एक दिन, रिया अपनी हाल की गतिविधियों की जांच करती है और एक ऐसे उपकरण से लॉगिन को नोटिस करती है जिसे वह नहीं पहचानती। तुरंत उस सत्र से लॉग आउट करके और अपना पासवर्ड बदलकर, रिया

संभावित हैकर को अपने खाते तक पहुँच प्राप्त करने से रोक देती है। यह सरल कार्य न केवल उसकी व्यक्तिगत जानकारी की सुरक्षा करता है, बल्कि भविष्य में ब्लैकमेलिंग जैसी समस्याओं से भी बचाता है। यदि कोई उसके निजी संदेशों या तस्वीरों तक पहुँच प्राप्त कर लेता है, तो वे उसे धमकी दे सकते हैं कि वे उन्हें साझा करेंगे जब तक कि वह उनकी माँगों का पालन न करे। अपनी हाल की गतिविधियों की नियमित जांच करके, रिया संदिग्ध गतिविधियों की पहचान कर सकती है और समस्या बढ़ने से पहले कार्रवाई कर सकती है। इसके अतिरिक्त, दो-चरणीय प्रमाणीकरण को सक्षम करके, वह अपने खाते की सुरक्षा को और बढ़ा सकती है, जिससे किसी को भी अनधिकृत पहुँच प्राप्त करना बहुत मुश्किल हो जाता है। इस प्रकार, हाल की गतिविधियों की नियमित समीक्षा करना उन सभी के लिए एक महत्वपूर्ण कदम है जो अपने सोशल मीडिया प्रोफ़ाइल को हैकिंग और संभावित ब्लैकमेल से बचाना चाहते हैं।

12. **रिकवरी ईमेल या फोन नंबर सेट करें :** एक रिकवरी ईमेल या फोन नंबर सेट करना आपके सोशल मीडिया खातों को हैकर्स से सुरक्षित रखने और संभावित ब्लैकमेल से रोकने के लिए महत्वपूर्ण है, विशेषकर युवा महिलाओं के लिए जो ऑनलाइन लक्षित हो सकती हैं। जब आप एक सोशल मीडिया खाता बनाते हैं, तो आप अक्सर व्यक्तिगत जानकारी प्रदान करते हैं, जो आपको साइबर खतरों के प्रति कमजोर बना सकती है। एक रिकवरी ईमेल एक अतिरिक्त ईमेल खाता है जिसका उपयोग आप अपने मुख्य खाते को फिर से प्राप्त करने के लिए कर सकते हैं यदि आप अपना पासवर्ड भूल जाते हैं या यदि कोई इसे हैक करने का प्रयास करता है। उदाहरण के लिए, रिया, एक कॉलेज की छात्रा है जो इंस्टाग्राम पर अपनी फोटोग्राफी साझा करना पसंद करती है। उसने अपने विश्वविद्यालय के ईमेल पते से जुड़ा एक रिकवरी ईमेल सेट किया, जो सुरक्षित है और सार्वजनिक रूप से ज्ञात नहीं है। एक दिन, उसे एक अलर्ट मिला कि कोई अनजान स्थान से उसके खाते तक पहुँचने की कोशिश कर रहा है। चूंकि उसने अपना रिकवरी ईमेल सेट किया था, उसे जल्दी से एक सत्यापन कोड मिला जिससे उसने अपने खाते को हैकर से पहले ही सुरक्षित कर लिया। इसी तरह, रिकवरी के उद्देश्यों के लिए फोन नंबर जोड़ना भी एक अतिरिक्त सुरक्षा परत प्रदान कर सकता है। यदि कोई उसके पासवर्ड को बदलने का प्रयास करता है, तो उसके फोन पर एक टेक्स्ट संदेश भेजा जाएगा जिसमें एक पुष्टि कोड होगा, जिससे अनधिकृत पहुँच रोकी जाएगी। यह प्रथा न केवल उसकी व्यक्तिगत जानकारी की रक्षा करती है, बल्कि ब्लैकमेलर्स

को भी रोकती है।

13. हमेशा एक मजबूत पासवर्ड का उपयोग करें : एक अच्छा पासवर्ड उपयोगकर्ता के ऑनलाइन खातों की सुरक्षा के लिए अत्यंत आवश्यक है, विशेषकर सोशल मीडिया पर, जहाँ हैकर्स अक्सर व्यक्तिगत जानकारी को लक्षित करते हैं। एक मजबूत पासवर्ड कम से कम 12 वर्ण लंबा होना चाहिए और इसमें बड़े और छोटे अक्षरों, संख्याओं, और विशेष प्रतीकों (जैसे @, #, या $) का मिश्रण होना चाहिए। उदाहरण के लिए, "password123" जैसे सरल पासवर्ड का उपयोग करने के बजाय, आप "MyD0g@123&SunnyDay!" जैसा जटिल पासवर्ड बना सकते हैं। इससे हैकर्स के लिए स्वचालित तरीकों से आपका पासवर्ड क्रैक करना बहुत कठिन हो जाता है। वास्तविक जीवन में, कल्पना कीजिए कि एक लड़की है जिसका नाम रिया है, जो सोशल मीडिया का उपयोग अपने दोस्तों से जुड़ने और क्षण साझा करने के लिए करती है। यदि वह एक कमजोर पासवर्ड चुनती है, तो एक हैकर उसके खाते में घुसपैठ कर सकता है और व्यक्तिगत तस्वीरों या संदेशों को प्राप्त कर सकता है, जिन्हें वे ब्लैकमेल के लिए उपयोग कर सकते हैं। हालाँकि, यदि रिया एक मजबूत पासवर्ड का उपयोग करती है और अतिरिक्त सुरक्षा उपायों को सक्षम करती है, जैसे दो-चरणीय प्रमाणीकरण (जहाँ उसे अपने पासवर्ड के अलावा अपने फोन पर भेजा गया कोड भी चाहिए), तो उसका खाता बहुत सुरक्षित हो जाता है। यह अतिरिक्त सुरक्षा परत का अर्थ है कि भले ही एक हैकर उसके पासवर्ड का अनुमान लगाए, वे फिर भी कोड के बिना उसके खाते तक पहुँच नहीं प्राप्त कर सकते, जिससे उसे संभावित खतरों जैसे ऑनलाइन दुर्व्यवहार या ब्लैकमेल से बचने में मदद मिलती है। हमेशा याद रखें, अच्छे पासवर्ड का निर्माण और रखरखाव करना आपके ऑनलाइन जीवन और गोपनीयता की सुरक्षा का एक सरल लेकिन प्रभावी तरीका है।

14. दूसरों को चेतावनी दें कि आपका खाता हैक किया गया है : जब आपको संदेह होता है कि आपका सोशल मीडिया खाता हैक किया गया है, तो तुरंत अपने दोस्तों और अनुयायियों को चेतावनी देना अत्यंत महत्वपूर्ण है। यह इस लिए आवश्यक है क्योंकि हैकर्स अक्सर हैक किए गए खातों का उपयोग कर संदेश भेजते हैं जो वैध लगते हैं लेकिन हानिकारक या भ्रामक हो सकते हैं। उदाहरण के लिए, यदि एक हैकर किसी लड़की के इंस्टाग्राम खाते तक पहुँच प्राप्त कर लेता है, तो वे उसके दोस्तों को प्रत्यक्ष संदेश भेज सकते हैं, खुद को उसके रूप में पेश

कर सकते हैं, और पैसे या व्यक्तिगत जानकारी मांग सकते हैं। इससे बचने के लिए, उसे पहले अपना पासवर्ड बदलना चाहिए जो मजबूत और अद्वितीय हो, जिसमें अक्षर, संख्या, और प्रतीकों का संयोजन हो। फिर, उसे एक पोस्ट या प्रत्यक्ष संदेश के माध्यम से अपने दोस्तों को सूचित करना चाहिए कि उसका खाता हैक किया गया है, और उन्हें किसी भी संदिग्ध संदेश का जवाब न देने का आग्रह करना चाहिए। यह भी अच्छा विचार है कि वह दो-चरणीय प्रमाणीकरण सक्षम करे, जो लॉगिन के प्रयास के समय उसके फोन पर भेजा गया कोड मांगकर अतिरिक्त सुरक्षा की एक परत जोड़ता है। इसके अतिरिक्त, उसे अपनी खाता गतिविधियों की समीक्षा करनी चाहिए कि कहीं कोई अनधिकृत कार्रवाई तो नहीं हुई है और हैक को सोशल मीडिया प्लेटफार्म पर रिपोर्ट करना चाहिए। अपने दोस्तों को इन खतरों के बारे में शिक्षित करके, वह एक सुरक्षित ऑनलाइन समुदाय का निर्माण कर सकती है और हैकिंग और ब्लैकमेलिंग की आगे की घटनाओं को रोक सकती है। तेजी से कार्रवाई करके और जागरूकता फैलाकर, वह साइबर अपराधियों द्वारा किए गए नुकसान को कम कर सकती है और अपने और अपने प्रियजनों को संभावित खतरों से सुरक्षित रख सकती है।

15. क्लिक करने या कुछ डाउनलोड करने से पहले सावधान रहें : आज के डिजिटल युग में, यह बेहद जरूरी है कि आप लिंक पर क्लिक करने या इंटरनेट से फ़ाइलें डाउनलोड करने से पहले सावधानी बरतें, विशेषकर सोशल मीडिया पर। कई हैकर्स नकली खातों या संदेशों का उपयोग करते हैं ताकि उपयोगकर्ताओं को लिंक पर क्लिक करने के लिए धोखा दें, जो उनके उपकरणों पर हानिकारक सॉफ़्टवेयर इंस्टॉल कर सकते हैं। उदाहरण के लिए, कल्पना करें कि आपको एक सोशल मीडिया प्लेटफॉर्म पर एक मित्र से एक संदेश मिलता है, जिसमें कहा गया है कि उन्होंने आपका एक मजेदार वीडियो पाया है और आपको इसे देखना चाहिए। यदि आप बिना सोचे-समझे उस लिंक पर क्लिक करते हैं, तो यह आपको एक ऐसी वेबसाइट पर ले जा सकता है जो असली लगती है लेकिन वास्तव में आपके व्यक्तिगत जानकारी को चुराने या आपके उपकरण पर एक वायरस इंस्टॉल करने के लिए डिज़ाइन की गई है। इससे गंभीर समस्याएं हो सकती हैं, जैसे आपके खातों का हैक होना या यहां तक कि ब्लैकमेल होना। एक वास्तविक जीवन का मामला उस युवा महिला से संबंधित है जिसने एक लिंक पर क्लिक किया जो हानिरहित लगा; इसके बाद, उसकी निजी तस्वीरें चुराई गईं और एक हैकर द्वारा उसका उपयोग किया गया, जिसने उसे साझा नहीं करने के लिए पैसे मांगने की धमकी

दी। अपनी सुरक्षा के लिए, हमेशा लिंक के स्रोत की दो बार जांच करें, अनजान स्रोतों से फ़ाइलें डाउनलोड करने से बचें, और अपने खातों को सुरक्षित करने के लिए मजबूत पासवर्ड का उपयोग करें। इस तरह, आप सोशल मीडिया का आनंद ले सकते हैं जबकि हैकर्स और ब्लैकमेलर्स के शिकार बनने के जोखिम को कम कर सकते हैं।

16. **फ़िशिंग वेबसाइटों से सावधान रहें:** फ़िशिंग वेबसाइटें नकली साइटें होती हैं, जो लोगों को धोखा देकर व्यक्तिगत जानकारी, जैसे पासवर्ड और क्रेडिट कार्ड नंबर देने के लिए डिज़ाइन की जाती हैं। ये साइटें अक्सर वास्तविक वेबसाइटों के समान दिखती हैं, जिससे अंतर पहचानना मुश्किल हो जाता है। उदाहरण के लिए, एक हैकर एक ऐसा फ़र्जी लॉगिन पृष्ठ बना सकता है जो फेसबुक की तरह दिखता है। जब कोई व्यक्ति इसे असली साइट समझकर लॉगिन करने की कोशिश करता है, तो वह अनजाने में अपना उपयोगकर्ता नाम और पासवर्ड हैकर को दे देता है। इससे उनका सोशल मीडिया खाता हैक हो सकता है। एक बार जब हैकर किसी पीड़ित के खाते तक पहुंच प्राप्त कर लेता है, तो वह शर्मनाक तस्वीरें पोस्ट कर सकता है, दोस्तों को संदेश भेज सकता है, या यहां तक कि निजी जानकारी को उजागर करने की धमकी दे सकता है, जब तक कि पैसे का भुगतान नहीं किया जाता। इन खतरों से बचने के लिए, हमेशा वेबसाइट के URL को जांचें, वेब पते की शुरुआत में "https://" देखें, और विशेष रूप से ईमेल या संदेशों में संदिग्ध लिंक पर क्लिक न करें। इसके अतिरिक्त, सोशल मीडिया खातों पर दो-चरणीय प्रमाणीकरण सक्षम करना सुरक्षा की एक अतिरिक्त परत जोड़ता है, जिससे हैकरों के लिए पहुंच प्राप्त करना और कठिन हो जाता है। सतर्क और सावधान रहकर, विशेष रूप से सोशल मीडिया पर, व्यक्ति फ़िशिंग हमलों और ब्लैकमेल के संभावित खतरे से खुद को सुरक्षित रख सकते हैं।

17. **दूसरों के उपकरण पर अपने सोशल मीडिया खाते में लॉगिन न करें:** जब आप किसी और के उपकरण पर अपने सोशल मीडिया खातों में लॉगिन करते हैं, तो आप अपनी व्यक्तिगत जानकारी को हैकरों के लिए उजागर करने का जोखिम उठाते हैं। ये हैकर पहले से ही उस उपकरण पर पहुंच प्राप्त कर चुके हो सकते हैं, जिससे उन्हें आपकी लॉगिन विवरण और व्यक्तिगत डेटा चुराना आसान हो जाता है। उदाहरण के लिए, सोचिए कि आप एक दोस्त के घर पर हैं और आप उनके कंप्यूटर पर अपने फेसबुक खाते की जांच करते हैं। यदि उनके उपकरण में

मैलवेयर या कीलॉगर इंस्टॉल है, तो ये आपकी कीस्ट्रोक्स को रिकॉर्ड कर सकते हैं, जिससे आपका उपयोगकर्ता नाम और पासवर्ड कैप्चर हो सकता है। इससे एक हैकर आपके खाते तक पहुंच प्राप्त कर सकता है, जो युवा महिलाओं के लिए गंभीर परिणाम ला सकता है। वे निजी संदेश या तस्वीरें खोज सकते हैं और इस जानकारी का उपयोग करके आपको ब्लैकमेल कर सकते हैं या आपके रिश्तों को नियंत्रित कर सकते हैं। सुरक्षित रहने के लिए, हमेशा अपने उपकरणों का उपयोग करके सोशल मीडिया खातों में पहुंचें, या कम से कम बाद में पूरी तरह से लॉग आउट करें। इसके अलावा, दो-चरणीय प्रमाणीकरण का उपयोग करने पर विचार करें, जो एक अतिरिक्त सुरक्षा परत जोड़ता है, जिसमें एक दूसरा प्रमाणीकरण चरण आवश्यक होता है, जिससे हैकरों के लिए पहुंच प्राप्त करना और कठिन हो जाता है, भले ही उनके पास आपका पासवर्ड हो। सतर्क और सक्रिय रहकर, आप अपने व्यक्तिगत जीवन और सोशल मीडिया पर अपनी सुरक्षा का ध्यान रख सकते हैं।

18. जब कोई आपके उपकरण की स्क्रीन देख रहा हो, तो कभी अपना पासवर्ड न टाइप करें: आज की डिजिटल दुनिया में, अपनी व्यक्तिगत जानकारी की सुरक्षा करना महत्वपूर्ण है, विशेष रूप से पासवर्ड के मामले में। याद रखने के लिए एक साधारण नियम है: जब कोई आपके उपकरण की स्क्रीन देख रहा हो, तो कभी अपना पासवर्ड न टाइप करें। इसका मतलब है कि यदि आप सार्वजनिक स्थान पर हैं या घर पर दोस्तों के साथ हैं, तो उस पर ध्यान दें कि कौन आपकी स्क्रीन देख सकता है। उदाहरण के लिए, सोचिए कि आप एक कॉफी शॉप में हैं, अपने सोशल मीडिया खाते में लॉग इन कर रहे हैं। यदि कोई पास बैठा है, तो वह आपकी स्क्रीन पर देख सकता है और आपका पासवर्ड देख सकता है। यदि वे इसे याद रखते हैं, तो वे बाद में आपके खाते तक पहुंच सकते हैं, जो पहचान की चोरी या यहां तक कि ब्लैकमेल जैसे गंभीर मुद्दों का कारण बन सकता है। उदाहरण के लिए, एक लड़की जिसका नाम रिया है, वह अक्सर अपनी व्यक्तिगत तस्वीरें सोशल मीडिया पर साझा करती है। एक दिन, जब वह एक कैफे में लॉगिन कर रही थी, तो एक अजनबी ने उसका पासवर्ड देख लिया। बाद में, उस व्यक्ति ने उसके पासवर्ड का उपयोग करके उसके खाते में प्रवेश किया और उसे धमकी दी कि यदि उसने पैसे नहीं दिए, तो वह उसकी निजी तस्वीरें लीक कर देगा। यह स्थिति दिखाती है कि संवेदनशील जानकारी दर्ज करते समय अपने चारों ओर के माहौल के प्रति जागरूक रहना कितना महत्वपूर्ण है। सुरक्षित रहने के लिए, हमेशा पासवर्ड टाइप करते समय अपनी स्क्रीन को ढकें, पासवर्ड प्रबंधकों का उपयोग करें जो आपके

पासवर्ड को ऑटोफिल कर सकते हैं, और अपने खातों पर दो-चरणीय प्रमाणीकरण सक्षम करें। ये प्रथाएँ संभावित खतरों से आपकी ऑनलाइन उपस्थिति की रक्षा करने में मदद कर सकती हैं और आपकी निजी जिंदगी को जासूसी की नजरों से सुरक्षित रख सकती हैं।

19. अपना पासवर्ड किसी भी कागज पर न लिखें: किसी भी कागज पर अपना पासवर्ड लिखना एक जोखिम भरा कदम है, जो गंभीर समस्याओं का कारण बन सकता है, विशेष रूप से जब आपके सोशल मीडिया खातों की सुरक्षा की बात हो। उदाहरण के लिए, सोचिए कि एक लड़की जिसका नाम रिया है, वह अपने पासवर्ड के साथ एक नोट अपने डेस्क दराज में छुपाकर रखती है। एक दिन, एक दोस्त ने गलती से उस नोट को खोज लिया और इसे दूसरों के साथ साझा कर दिया, जो फिर रिया के सोशल मीडिया खातों तक पहुंच गए। उन्होंने शर्मनाक तस्वीरें और संदेश पोस्ट किए, जिससे सार्वजनिक अपमान और संभावित ब्लैकमेल का सामना करना पड़ा। इसे रोकने के लिए, प्रत्येक खाते के लिए मजबूत और अद्वितीय पासवर्ड का उपयोग करना और उन्हें सुरक्षित तरीके से संग्रहीत करना बहुत महत्वपूर्ण है। उन्हें लिखने के बजाय, रिया एक पासवर्ड प्रबंधक का उपयोग कर सकती है, जो एक ऐप है जो उसके पासवर्ड को सुरक्षित रूप से संग्रहीत और एन्क्रिप्ट करता है। इस तरह, भले ही कोई उसके फोन तक पहुंच प्राप्त करे, वे आसानी से उसके पासवर्ड नहीं पा सकेंगे। इसके अतिरिक्त, अपने खातों पर दो-चरणीय प्रमाणीकरण सक्षम करना एक और सुरक्षा परत जोड़ता है। इसका मतलब है कि भले ही कोई उसके पासवर्ड प्राप्त कर ले, उन्हें लॉगिन करने के लिए एक दूसरे प्रकार की प्रमाणीकरण की आवश्यकता होगी—जैसे उसके फोन पर भेजा गया कोड। इन प्रथाओं का पालन करके, रिया हैकरों से अपनी रक्षा कर सकती है और ऑनलाइन खतरों के विनाशकारी परिणामों से बच सकती है।

20. कभी भी अपने प्रेमी के साथ अपना पासवर्ड साझा न करें: अपने प्रेमी या किसी अन्य व्यक्ति के साथ अपना पासवर्ड साझा न करना आपकी ऑनलाइन सुरक्षा और गोपनीयता बनाए रखने के लिए बहुत महत्वपूर्ण है। जब आप किसी को अपना पासवर्ड देते हैं, तो आप वास्तव में उन्हें अपने डिजिटल जीवन की चाबी सौंप रहे हैं, जो गंभीर परिणामों का कारण बन सकता है। उदाहरण के लिए, सोचिए कि आप अपने प्रेमी के साथ अपना सोशल मीडिया पासवर्ड साझा करती हैं क्योंकि आप उस पर भरोसा करती हैं। एक दिन, आपकी लड़ाई हो जाती है, और

गुस्से में वह आपके खाते में लॉग इन करने का फैसला करता है और शर्मनाक तस्वीरें या संदेश पोस्ट करता है। यह न केवल आपकी प्रतिष्ठा को नुकसान पहुँचा सकता है बल्कि संभावित ब्लैकमेल का कारण भी बन सकता है, जहाँ वह आपकी संवेदनशील जानकारी साझा करने की धमकी दे सकता है जब तक कि आप उसकी मांगों का पालन नहीं करतीं। इस तरह की एक वास्तविक घटना तब हुई जब एक युवा महिला ने अपने प्रेमी के साथ अपना सोशल मीडिया पासवर्ड साझा किया। जब उनका ब्रेकअप हुआ, तो उसने उसके खाते का उपयोग करके झूठी अफवाहें फैलाईं और निजी संदेश साझा किए, जिससे उसे भावनात्मक तनाव हुआ और उसके रिश्तों पर प्रभाव पड़ा। ऐसी स्थितियों से बचने के लिए, हमेशा अपने पासवर्ड को निजी और सुरक्षित रखें। विभिन्न खातों के लिए मजबूत, अद्वितीय पासवर्ड का उपयोग करें, और दो-चरणीय प्रमाणीकरण सक्षम करने पर विचार करें, जो एक अतिरिक्त सुरक्षा परत जोड़ता है। याद रखें, आपकी व्यक्तिगत जानकारी मूल्यवान है, और इसे सुरक्षित रखना आपकी सुरक्षा और मन की शांति के लिए आवश्यक है।

अंततः सोशल मीडिया का उपयोग करते समय, हैकिंग और ब्लैकमेल से बचने के लिए अंतिम सुरक्षा टिप्स का पालन करना बहुत महत्वपूर्ण है। सबसे पहले, प्रत्येक खाते के लिए हमेशा मजबूत और अद्वितीय पासवर्ड का उपयोग करें; एक पासवर्ड प्रबंधक आपकी मदद कर सकता है। उदाहरण के लिए, "password123" के बजाय, एक जटिल पासवर्ड बनाएं जैसे "Giraffe!89#Purple|" दो-चरणीय प्रमाणीकरण (2FA) सक्षम करना सुरक्षा की एक और परत जोड़ता है; इसका मतलब है कि आपको हर बार लॉगिन करते समय एक दूसरे तरीके से अपनी पहचान सत्यापित करनी होगी, जैसे टेक्स्ट संदेश या ऐप। यह भी आवश्यक है कि आप व्यक्तिगत जानकारी साझा करने से पहले सोचें। उदाहरण के लिए, एक लड़की जिसका नाम रिया है, उसने अपने प्रोफ़ाइल पर अपनी छुट्टियों की योजनाएँ साझा कीं, जिससे किसी के लिए उसके घर में घुसना आसान हो गया। संवेदनशील विवरण, जैसे आपका स्थान, फोन नंबर, या कोई जानकारी जो सुरक्षा प्रश्नों का अनुमान लगाने में मदद कर सके, को पोस्ट करने से बचें। अनजान लोगों से मित्रता अनुरोधों के प्रति सतर्क रहें; वे नकली खाते हो सकते हैं जिन्हें आपकी व्यक्तिगत जानकारी तक पहुंच प्राप्त करने के लिए बनाया गया हो। इसके अतिरिक्त, नियमित रूप से अपनी गोपनीयता सेटिंग्स की समीक्षा करें ताकि यह सुनिश्चित हो सके कि केवल विश्वसनीय मित्र ही आपकी पोस्ट देख

सकें। अंत में, यदि कोई आपको ऑनलाइन दबाव या ब्लैकमेल करने की कोशिश कर रहा है, तो संवाद न करें; बल्कि, उन्हें प्लेटफ़ॉर्म पर रिपोर्ट करें और किसी विश्वसनीय वयस्क या प्राधिकरण से मदद लें। याद रखें, आपकी सुरक्षा किसी भी ऑनलाइन बातचीत से अधिक महत्वपूर्ण है, और इन एहतियातों को अपनाने से आप सोशल मीडिया को सुरक्षित रूप से नेविगेट कर सकते हैं।

2

मोबाइल मरम्मत की दुकानों का काला पहलू

जब लोग अपने मोबाइल फोन को मरम्मत की दुकानों पर ले जाते हैं, तो वे अक्सर शामिल गंभीर खतरों के बारे में अनजान होते हैं। एक प्रमुख चिंता डेटा चोरी या गोपनीयता का उल्लंघन है। उदाहरण के लिए, एक युवा महिला की कल्पना करें जो अपने फोन को एक स्थानीय दुकान पर ले जाती है क्योंकि वह चालू नहीं हो रहा है। तकनीशियन, उसे ठीक करने के बजाय, उसकी व्यक्तिगत फ़ोटो और संदेशों तक पहुंच प्राप्त करता है। यदि तकनीशियन संवेदनशील जानकारी खोज लेता है, तो वह उसे धमकी दे सकता है कि यदि वह उसे पैसे नहीं देती या उसकी कुछ मांगें पूरी नहीं करती, तो वह इन निजी चित्रों को सार्वजनिक कर देगा, जिसे हम ब्लैकमेल के रूप में जानते हैं। यह परिदृश्य इस बात को उजागर करता है कि कैसे मरम्मत की दुकानें, विशेष रूप से जो प्रतिष्ठित नहीं होतीं, अनैतिक प्रथाओं का अड्डा बन सकती हैं। उचित सुरक्षा उपायों और विश्वसनीय तकनीशियनों की अनुपस्थिति में, ग्राहकों को अपनी गोपनीयता खोने, भावनात्मक तनाव का सामना करने और यहां तक कि वित्तीय हानि का भी जोखिम होता है। यह उदाहरण मोबाइल फोन मरम्मत पर विचार करने वाले किसी भी व्यक्ति के लिए एक चेतावनी की कहानी है; व्यक्तिगत जानकारी की सुरक्षा के लिए उच्चतम रेटिंग और प्रतिष्ठित सेवा केंद्रों का चयन करना आवश्यक है।

जब हमारा डिवाइस, जैसे कि स्मार्टफोन, काम करना बंद कर देता है, तो हम अक्सर इसे जल्दी ठीक कराने के लिए भागदौड़ में होते हैं। हममें से कई लोग

शामिल जोखिमों पर विचार नहीं करते और इसे बिना सोचे-समझे एक स्थानीय मोबाइल मरम्मत की दुकान पर ले जाते हैं। हम अपने डिवाइस को तकनीशियन के हाथों में सौंप देते हैं, यह भरोसा करते हुए कि वे इसे ठीक से मरम्मत करेंगे। हालाँकि, इससे संभावित समस्याएँ उत्पन्न हो सकती हैं। उदाहरण के लिए, एक लड़की, जिसका नाम रिया है, ने अपने फोन को एक स्थानीय दुकान पर मरम्मत के लिए दिया जब वह अचानक बंद हो गया। उसे यह एहसास नहीं था कि तकनीशियन उसकी व्यक्तिगत जानकारी, जिसमें निजी संदेश, फ़ोटो और संपर्क विवरण शामिल हैं, तक पहुंच प्राप्त कर सकता है। अपने फोन की मरम्मत के बाद, तकनीशियन ने संवेदनशील सामग्री खोजी और इसका उपयोग रिया को ब्लैकमेल करने के लिए किया, धमकी देते हुए कि यदि वह उसे पैसे नहीं देती, तो वह उसकी निजी जानकारी साझा करेगा। यह परिदृश्य इस बात को उजागर करता है कि कैसे अनजाने में मरम्मत की दुकानों पर भरोसा करना, उनकी प्रथाओं को समझे बिना, गंभीर परिणामों की ओर ले जा सकता है, जैसे कि गोपनीयता का उल्लंघन और भावनात्मक तनाव। यह इस बात की चेतावनी है कि हमें अपने उपकरणों के साथ किस पर भरोसा करना चाहिए, क्योंकि हमारी व्यक्तिगत जानकारी दूसरों के हाथों में कमजोर हो सकती है। हमेशा यह सुनिश्चित करना कि हम प्रतिष्ठित और विश्वसनीय सेवाओं का चयन करें, हमारी गोपनीयता की सुरक्षा में मदद कर सकता है और हमारे व्यक्तिगत जीवन को सुरक्षित रख सकता है।

उदाहरण के लिए, एक परिदृश्य की कल्पना करें जहाँ एक मोबाइल मरम्मत की दुकान के मालिक, जिसे हम संजय कहते हैं, मरम्मत के दौरान एक युवा महिला के फोन तक पहुँच प्राप्त करता है। मरम्मत के दौरान, वह संवेदनशील फ़ोटो और निजी संदेशों की खोज करता है। संजय इस जानकारी का उपयोग करने का निर्णय लेता है। वह लड़की से संपर्क करता है, धमकी देते हुए कि यदि वह उसकी मांगों का पालन नहीं करती, तो वह इन निजी चित्रों को लीक कर देगा, जो कि पैसे या यौन सेवाओं में हो सकते हैं। इस प्रकार का ब्लैकमेल लड़की के जीवन को तबाह कर सकता है—भावनात्मक तनाव, सामाजिक अपमान और यहां तक कि उसकी नौकरी या रिश्तों पर भी प्रभाव डाल सकता है। कुछ मामलों में, इस तरह के ब्लैकमेल का दबाव गंभीर मानसिक स्वास्थ्य समस्याओं का कारण बन सकता है, जिसमें चिंता और अवसाद शामिल हैं। उल्लंघन और असहायता का अनुभव करने के कारण जो मनोवैज्ञानिक आघात होता है, वह वर्षों तक बना रह सकता है। यह उदाहरण मोबाइल मरम्मत के व्यवसाय में विश्वास और ईमानदारी के

महत्व को रेखांकित करता है, यह उजागर करता है कि एक बुरा तत्व किसी की व्यक्तिगत जानकारी के उपयोग के माध्यम से कितनी गहरी चोट पहुँचा सकता है।

आपके उपकरण के साथ क्या किया जा सकता है:

1. वे आपके उपकरण को रूट कर सकते हैं और रूटकिट स्थापित कर सकते हैं: एक मोबाइल मरम्मत की दुकान का मालिक अक्सर इन उपकरणों के कार्य करने के तरीके के बारे में विस्तृत जानकारी रखता है, जिसमें उन्हें "रूट" करने की क्षमता भी शामिल है। किसी फोन को रूट करना का मतलब है उसके ऑपरेटिंग सिस्टम के सबसे गहरे हिस्सों तक पहुंच प्राप्त करना, जिससे तकनीशियन निर्माता द्वारा निर्धारित प्रतिबंधों को संशोधित या हटा सकता है। हालांकि, यह फोन को अनुकूलित करने के लिए उपयोगी हो सकता है, लेकिन यह गंभीर सुरक्षा खतरों के लिए भी दरवाजे खोलता है। उदाहरण के लिए, एक तकनीशियन "रूटकिट" स्थापित कर सकता है, जो एक प्रकार का हानिकारक सॉफ़्टवेयर है जो प्रणाली के भीतर छिपा रहता है और तकनीशियन को मालिक की जानकारी के बिना उपकरण पर पूर्ण नियंत्रण प्रदान करता है। यह अत्यंत खतरनाक हो सकता है। एक वास्तविक जीवन के मामले में, एक युवा महिला ने अपने फोन में स्क्रीन की समस्या को ठीक करने के लिए एक स्थानीय मरम्मत की दुकान में फोन दिया। उसे यह नहीं पता था कि दुकान के मालिक ने उसके फोन को रूट किया और एक रूटकिट स्थापित किया। बाद में, उसने उसकी निजी तस्वीरों और व्यक्तिगत जानकारी तक पहुंच बनाई और उसे धमकी दी कि यदि उसने उसे एक बड़ी राशि नहीं दी, तो वह इस संवेदनशील जानकारी को सार्वजनिक कर देगा। यह स्थिति यह दर्शाती है कि लोग कितने असुरक्षित हो सकते हैं जब वे अपने उपकरणों को ऐसे व्यक्तियों पर भरोसा करते हैं जो उनके कौशल का दुरुपयोग कर सकते हैं। रूटिंग और रूटकिट स्थापित करने से उत्पीड़न, गोपनीयता का उल्लंघन और यहां तक कि ब्लैकमेलिंग जैसी समस्याएं उत्पन्न हो सकती हैं, इसलिए यह महत्वपूर्ण है कि आप अपने उपकरणों को किस पर भरोसा करते हैं, इस पर ध्यान दें।

2. वे आपके हटाए गए डेटा को पुनर्प्राप्त कर सकते हैं: आज के डिजिटल युग में, कई लोग अपने मोबाइल फोन पर व्यक्तिगत और संवेदनशील जानकारी, जैसे तस्वीरें और निजी संदेश, संग्रहीत करते हैं। जब कोई व्यक्ति इस डेटा को हटा देता है, तो वे अक्सर मान लेते हैं कि यह हमेशा के लिए चला गया है। हालाँकि, एक कुशल मोबाइल मरम्मत की दुकान का मालिक अक्सर विशेष उपकरण और तकनीकों का उपयोग करके इस हटाए गए डेटा को पुनर्प्राप्त कर सकता है। उदाहरण के लिए, एक युवा महिला जिसका नाम रिया है, उसने कई व्यक्तिगत तस्वीरें खींची और बाद में उन्हें हटा देने का निर्णय लिया, सोचकर कि वे हमेशा के लिए खो गई हैं। यदि वह अपने फोन को एक टूटे हुए स्क्रीन के लिए मरम्मत की दुकान में लाती है, तो दुकान का मालिक, फोन के आंतरिक संग्रहण तक पहुँच रखने के कारण, उन हटाए गए चित्रों को उसकी जानकारी के बिना पुनर्प्राप्त कर सकता है। यदि वह पुनर्प्राप्त किए गए डेटा का उपयोग ब्लैकमेलिंग के लिए करने का निर्णय लेता है, तो यह स्थिति अत्यधिक खतरनाक हो सकती है। मान लें कि उसे रिया की संवेदनशील तस्वीरें मिलती हैं और वह उसे धमकी देता है कि यदि वह उसे पैसे नहीं देती या उसके लिए कुछ नहीं करती, तो वह उन्हें साझा कर देगा। इस प्रकार की ब्लैकमेलिंग गंभीर मानसिक तनाव और गोपनीयता की हानि का कारण बन सकती है, जो यह दर्शाता है कि व्यक्तिगत उपकरणों को ऐसे लोगों पर भरोसा करना कितना जोखिम भरा हो सकता है जिनके पास डेटा को पुनर्प्राप्त करने की क्षमता और इरादा हो।

3. आपके उपकरण में जासूसी एप्लिकेशन स्थापित कर सकते हैं: एक मोबाइल मरम्मत की दुकान का मालिक आसानी से आपके फोन पर जासूसी एप्लिकेशन स्थापित कर सकता है, अक्सर आपकी जानकारी के बिना। जासूसी एप्लिकेशन वह सॉफ़्टवेयर होते हैं जिन्हें फोन की गतिविधियों की निगरानी करने के लिए डिज़ाइन किया गया है, जिसमें कॉल, संदेश और स्थान शामिल हैं। सरल शब्दों में कहें तो ये एप्लिकेशन ट्रैक कर सकते हैं कि आप अपने फोन पर क्या कर रहे हैं, जो गलत हाथों में गिरने पर बहुत खतरनाक हो सकता है। उदाहरण के लिए, मान लीजिए कि एक लड़की अपने फोन को एक स्थानीय मरम्मत की दुकान में लाती है क्योंकि उसकी स्क्रीन टूटी हुई है। दुकान का मालिक, मरम्मत के लिए फोन तक पहुँच रखने के कारण, इस अवसर का उपयोग गुप्त रूप से एक जासूसी एप्लिकेशन स्थापित करने के लिए कर सकता है। एक बार एप्लिकेशन स्थापित हो जाने के बाद, वह उसकी बातचीत की निगरानी कर सकता है, उसकी

गतिविधियों का ट्रैक रख सकता है, और यहां तक कि उसकी फोन कॉल भी सुन सकता है। यदि वह इस जानकारी का दुरुपयोग करता है, तो वह उसके व्यक्तिगत विवरण या निजी बातचीत को उजागर करने की धमकी दे सकता है, जिससे उसकी प्रतिष्ठा को नुकसान पहुंच सकता है या उससे पैसे मांग सकता है। यह स्थिति यह दर्शाती है कि अपने फोन को किसी पर भरोसा करते समय संभावित जोखिमों को समझना कितना महत्वपूर्ण है, खासकर संवेदनशील जानकारी के संबंध में।

4. **आपके उपकरण का डेटा चुरा सकते हैं:** जब आप अपने फोन को एक मोबाइल मरम्मत की दुकान में ले जाते हैं, तो सतर्क रहना महत्वपूर्ण होता है क्योंकि दुकान का मालिक या तकनीशियन आपकी अनुमति के बिना आपके व्यक्तिगत डेटा तक पहुंच सकता है। कई लोग यह नहीं समझते कि जब एक तकनीशियन फोन की मरम्मत करता है, तो उनके पास अक्सर सुरक्षा सेटिंग्स को बायपास करने और निजी जानकारी जैसे तस्वीरें, संदेश, संपर्क, और यहां तक कि बैंकिंग विवरण देखने की क्षमता होती है। उदाहरण के लिए, एक लड़की ने अपनी टूटी हुई स्क्रीन को ठीक करने के लिए अपने फोन को एक स्थानीय मरम्मत की दुकान में दिया। मरम्मत के बाद, तकनीशियन ने उसके फोन पर संवेदनशील तस्वीरों और निजी संदेशों की खोज की। केवल उपकरण को ठीक करने के बजाय, उसने इस जानकारी का उपयोग उसके खिलाफ करने का निर्णय लिया। बाद में उसने उसे संपर्क किया, धमकी देते हुए कि यदि उसने उसे एक निश्चित राशि नहीं दी, तो वह उसकी शर्मनाक तस्वीरें सार्वजनिक कर देगा। यह स्थिति यह बताती है कि अपने उपकरण को संभालने वाले लोगों पर भरोसा करना कितना महत्वपूर्ण है, क्योंकि उनके पास आपके व्यक्तिगत जीवन तक पहुंच होती है और वे उस जानकारी का दुरुपयोग कर सकते हैं। अपने आप को सुरक्षित रखने के लिए, विश्वसनीय मरम्मत सेवाओं का चयन करना, अपने डेटा का बैकअप लेना, और संभव हो तो संवेदनशील जानकारी को मिटा देना आवश्यक है।

5. **वे आपके संपर्क सूची को देख सकते हैं:** एक मोबाइल मरम्मत की दुकान में, मालिक आपके फोन पर संग्रहीत विभिन्न प्रकार के डेटा, जिसमें आपकी संपर्क सूची भी शामिल है, तक पहुँच प्राप्त कर सकता है। यह तब होता है जब आप अपने फोन को मरम्मत के लिए लाते हैं, तो तकनीशियन को उपकरण के विभिन्न भागों की जांच करने की आवश्यकता हो सकती है। यदि आपके फोन में कोई ऐसी समस्या है जिसके लिए तकनीशियन को उसके सॉफ़्टवेयर या सेटिंग्स की जाँच

करनी पड़ती है, तो वह अनजाने में या जानबूझकर व्यक्तिगत जानकारी देख सकता है, जैसे आपके द्वारा सेव किए गए लोगों के नाम और नंबर। उदाहरण के लिए, मान लीजिए कि रिया नाम की एक लड़की ने अपनी टूटी हुई स्क्रीन को ठीक करने के लिए अपने फोन को एक स्थानीय मरम्मत की दुकान में दिया। जब तकनीशियन उसके फोन की मरम्मत कर रहा था, तो उसने रिया की संपर्क सूची की खोज की, जिसमें उसके दोस्तों और परिवार के बारे में संवेदनशील जानकारी थी। यदि तकनीशियन की मंशा खराब है, तो वह उसे ब्लैकमेल करने का निर्णय ले सकता है, यह धमकी देते हुए कि वह उसके व्यक्तिगत जानकारी या शर्मनाक संदेशों को उसके संपर्कों के साथ साझा करेगा जब तक वह उसे पैसे नहीं देती।

6. वे आपके टेक्स्ट संदेश देख सकते हैं: आज के डिजिटल युग में, कई लोग संचार के लिए अपने मोबाइल उपकरणों पर अत्यधिक निर्भर हैं, जिससे गोपनीयता के संबंध में गंभीर चिंताएं उठती हैं, विशेष रूप से मोबाइल मरम्मत की दुकानों में। जब एक मोबाइल मरम्मत की दुकान का मालिक किसी फोन तक पहुँचता है, तो वह अनजाने में या जानबूझकर निजी जानकारी, जैसे टेक्स्ट संदेश देख सकता है। यह तब हो सकता है जब फोन को मरम्मत के लिए सौंपने से पहले व्यक्तिगत डेटा ठीक से मिटाया न गया हो। उदाहरण के लिए, कल्पना कीजिए कि एक लड़की जिसका नाम रिया है, अपने फोन को एक स्थानीय मरम्मत की दुकान पर स्क्रीन ठीक कराने के लिए ले जाती है। मरम्मत प्रक्रिया के दौरान, दुकान का मालिक, उसकी संदेशों के प्रति जिज्ञासु होकर, उसकी टेक्स्ट बातचीत को स्क्रॉल करता है। वह संवेदनशील जानकारी खोज लेता है, जिसमें उसके रिश्तों और निजी विचारों के बारे में संदेश शामिल हैं। बाद में, वह इस जानकारी का उपयोग उसे ब्लैकमेल करने के लिए करने का फैसला करता है, उसे पैसे न देने पर उसके निजी संदेशों को उजागर करने की धमकी देता है। यह परिदृश्य यह बताता है कि किसी डिवाइस को मरम्मत के लिए सौंपने से पहले व्यक्तिगत डेटा को मिटाना या सुरक्षित करना कितना महत्वपूर्ण है। यह सभी के लिए एक कठोर अनुस्मारक है कि उन्हें यह सुनिश्चित करना चाहिए कि वे अपने उपकरणों को किसे सौंपते हैं और अपनी गोपनीयता की रक्षा करने के लिए कदम उठाने चाहिए, जैसे कि एन्क्रिप्टेड मैसेजिंग ऐप्स का उपयोग करना या अपने फोन पर पूर्ण-डिस्क एन्क्रिप्शन सक्षम करना।

7. वे ब्राउज़र में सहेजे गए पासवर्ड देख सकते हैं: आज के डिजिटल युग में, कई लोग सुविधा के लिए अपने पासवर्ड को वेब ब्राउज़रों में सहेजते हैं, जिससे

वे विभिन्न खातों तक बिना हर एक को याद किए पहुंच सकते हैं। हालांकि, यह सुविधा महत्वपूर्ण सुरक्षा जोखिम पैदा कर सकती है, विशेष रूप से यदि कोई अन्य व्यक्ति अनधिकृत रूप से किसी के डिवाइस तक पहुँच प्राप्त कर ले। उदाहरण के लिए, मान लीजिए कि एक मोबाइल मरम्मत की दुकान का मालिक, एक ग्राहक के फोन को ठीक करते समय, पाता है कि ब्राउज़र में पासवर्ड सहेजे गए हैं। एक साधारण क्लिक के साथ, वह सभी संग्रहीत प्रमाण पत्रों को देख सकता है, जिसमें सोशल मीडिया और ईमेल जैसे संवेदनशील खाते शामिल हैं। यह परिदृश्य और भी अंधेरा हो जाता है जब दुकान का मालिक एक युवा महिला के सहेजे गए पासवर्ड को देखता है, जिसने अपने फोन को मरम्मत के लिए लाया था। वह उसकी खातों, जिसमें निजी संदेश और व्यक्तिगत जानकारी शामिल हैं, पर ध्यान देता है और इस ज्ञान का लाभ उठाने का फैसला करता है। वह उसे ब्लैकमेल करने लगता है, उसे धमकी देता है कि अगर वह उसकी मांगों को नहीं मानती, तो वह उसके निजी संवादों या शर्मनाक फोटो लीक कर देगा। यह उदाहरण पासवर्ड प्रबंधन के गंभीर निहितार्थों को उजागर करता है और उपयोगकर्ताओं को अपने उपकरणों की सुरक्षा सुनिश्चित करने, मजबूत पासवर्ड का उपयोग करने और दो-चरणीय प्रमाणीकरण जैसी सुरक्षा उपायों को लागू करने की आवश्यकता को दर्शाता है। यह एक अनुस्मारक है कि यहाँ तक कि एक साधारण कार्य, जैसे कि ब्राउज़र में पासवर्ड सहेजना, अगर गलत व्यक्ति को उस जानकारी तक पहुँच मिल जाए, तो गंभीर परिणाम हो सकते हैं।

8. वे आपके सोशल मीडिया प्रोफाइल तक पहुंच सकते हैं: आज के डिजिटल विश्व में, कई लोग संचार से लेकर सोशल मीडिया तक हर चीज़ के लिए अपने स्मार्टफोन पर निर्भर रहते हैं। हालाँकि, यह निर्भरता गंभीर जोखिम पैदा कर सकती है, विशेष रूप से यदि कोई अनधिकृत रूप से आपकी व्यक्तिगत जानकारी तक पहुँच प्राप्त कर ले। उदाहरण के लिए, एक मोबाइल मरम्मत की दुकान का मालिक आपके फोन को ठीक करते समय आपके सोशल मीडिया प्रोफाइल तक पहुँच सकता है। कल्पना कीजिए कि एक युवा महिला अपने टूटे हुए फोन को मरम्मत की दुकान पर ले जाती है। दुकान का मालिक, उसके उपकरण को ठीक करने के बाद, सोशल मीडिया प्लेटफॉर्म पर उसके निजी संदेशों और फोटो की खोज करता है। इस जानकारी को गोपनीय रखने के बजाय, मालिक उसे धमकी दे सकता है कि अगर वह उसे एक निश्चित राशि नहीं देती तो वह उसके निजी संवादों या छवियों को उजागर कर देगा। यह एक वास्तविक जीवन का उदाहरण है कि

कैसे विश्वास की स्थिति में कोई व्यक्ति व्यक्तिगत डेटा का उपयोग ब्लैकमेल के लिए कर सकता है, जिससे पीड़ित के लिए मानसिक तनाव और भय उत्पन्न होता है। यह इस बात की महत्वपूर्णता को उजागर करता है कि आपको अपने उपकरणों को किसके साथ सौंपते समय सतर्क रहना चाहिए और यह समझना चाहिए कि यदि आपकी व्यक्तिगत जानकारी की सही तरीके से सुरक्षा नहीं की गई है, तो यह गलत हाथों में जा सकती है।

9. यदि आपका लिंक किया गया ईमेल लॉग्ड इन है, तो वे आपके बैंक खाते पर नियंत्रण भी पा सकते हैं: आज के डिजिटल युग में, एक मोबाइल मरम्मत की दुकान का मालिक आपके बैंक खाते तक अनधिकृत रूप से पहुँच प्राप्त कर सकता है यदि आपके डिवाइस पर लिंक किया गया ईमेल लॉग्ड इन है। यह विशेष रूप से चिंताजनक है जब आप अपने फोन को मरम्मत के लिए उनके पास छोड़ते हैं। उदाहरण के लिए, मान लीजिए कि एक युवा महिला जिसका नाम रिया है, अपने फोन को स्क्रीन बदलवाने के लिए एक स्थानीय मरम्मत की दुकान पर ले जाती है। जब उसका फोन तकनीशियन के पास होता है, तो वह आसानी से उसके ईमेल तक पहुँच प्राप्त कर सकता है अगर उसने लॉग आउट नहीं किया है या इसे पासवर्ड से सुरक्षित नहीं किया है। एक बार जब वह उसके ईमेल को खोलता है, तो वह उसके बैंक खाते से संबंधित जानकारी, जैसे पासवर्ड रीसेट लिंक या बैंकिंग नोटिफिकेशन पा सकता है। इससे वह उसके बैंक खाते का पासवर्ड रीसेट कर सकता है और उसे लॉक कर सकता है। एक और गंभीर परिदृश्य में, तकनीशियन इस जानकारी का उपयोग करके उसे ब्लैकमेल कर सकता है, उसे धमकी देते हुए कि यदि वह उसकी मांगों का पालन नहीं करती तो वह उसके निजी संदेशों या फोटो को लीक कर देगा। यह इस बात को उजागर करता है कि आपको अपने उपकरणों को किसके साथ सौंपते समय सतर्क रहना चाहिए, यह सुनिश्चित करते हुए कि आपके संवेदनशील खाते मजबूत पासवर्ड से सुरक्षित हैं और मरम्मत के लिए अपने फोन को सौंपने से पहले आप ईमेल खातों से लॉग आउट कर लें। हमेशा याद रखें, जोखिम वास्तविक हैं, और व्यक्तिगत जानकारी की सुरक्षा करना अत्यंत महत्वपूर्ण है।

10. वे आपके सभी महत्वपूर्ण डेटा को स्थायी रूप से मिटा सकते हैं: आज के डिजिटल युग में, स्मार्टफोन में व्यक्तिगत जानकारी का विशाल संग्रह होता है, जिसमें फोटो, संदेश, संपर्क और वित्तीय विवरण शामिल हैं। जब एक मोबाइल मरम्मत की दुकान का मालिक किसी डिवाइस तक पहुँच प्राप्त करता है, तो वह

इस पहुँच का दुरुपयोग कर सकता है। उदाहरण के लिए, कल्पना कीजिए कि एक लड़की अपने फोन को एक स्थानीय मरम्मत की दुकान पर ले जाती है क्योंकि उसकी स्क्रीन टूट गई है। दुकान का मालिक, फोन के भौतिक स्वामित्व के कारण, विशेष सॉफ़्टवेयर का उपयोग करके सुरक्षा उपायों को बायपास कर सकता है और डिवाइस पर संग्रहीत सभी डेटा तक पहुँच प्राप्त कर सकता है। यदि यह मालिक अनैतिक है, तो वह संवेदनशील जानकारी जैसे निजी संदेश या अंतरंग फोटो निकाल सकता है और उसे धमकी दे सकता है कि यदि वह उनकी मांगों का पालन नहीं करती है तो वह उन्हें सार्वजनिक कर देगा। यह स्थिति एक गंभीर जोखिम को दर्शाती है: मालिक स्थायी रूप से लड़की का महत्वपूर्ण डेटा मिटा सकता है, जिससे उसके व्यक्तिगत फ़ाइलों, फ़ोटो, या संपर्कों को पुनर्प्राप्त करना असंभव हो जाता है, जबकि साथ ही उसकी संवेदनशील जानकारी को ब्लैकमेल के लिए हथियार के रूप में इस्तेमाल किया जा सकता है। यह दिखाता है कि मरम्मत के लिए उपकरण सौंपते समय सतर्क रहना कितना महत्वपूर्ण है और यह सुनिश्चित करना कि मरम्मत की दुकानें विश्वसनीय हैं और ग्राहक की गोपनीयता का सम्मान करती हैं।

सुरक्षा टिप्स

जब भी आप अपने फोन की मरम्मत कर रहे हों, तो कुछ सुरक्षा टिप्स का पालन करना अत्यंत महत्वपूर्ण है ताकि डेटा चोरी या उत्पीड़न जैसे दुरुपयोग से बचा जा सके। पहला और सबसे महत्वपूर्ण कदम है कि मरम्मत शुरू करने से पहले सभी महत्वपूर्ण डेटा का बैकअप लें। इसका मतलब है कि आपकी तस्वीरें, संपर्क और संदेश एक सुरक्षित स्थान, जैसे कि क्लाउड सेवा में, सहेजें ताकि प्रक्रिया के दौरान उन्हें खोने से बचा जा सके।

एक और महत्वपूर्ण सुझाव है कि आप फोन को फ़ैक्टरी रिसेट करें, जिससे सभी व्यक्तिगत जानकारी मिट जाए । इसके अलावा, यह भी महत्वपूर्ण है कि आप किस पर विश्वास कर रहे हैं, इस पर सावधानी बरतें। उदाहरण के लिए, एक लड़की ने जब अपने दोस्त को संवेदनशील तस्वीरें भेजीं, तो उसने अपने फोन को एक तृतीय-पक्ष मरम्मत की दुकान पर दे दिया। तकनीशियन ने उसकी

व्यक्तिगत जानकारी तक पहुंच प्राप्त की और उसे धमकी दी कि यदि वह उसकी मांगों के अनुसार नहीं चलती है, तो वह उन निजी छवियों को साझा करेगा।

ऐसी स्थितियों से बचने के लिए, हमेशा विश्वसनीय मरम्मत सेवाओं का चयन करें, उनकी डेटा गोपनीयता नीतियों के बारे में पूछें, और अपने फोन को सौंपने से पहले सिम कार्ड और मेमोरी कार्ड हटा दें। इन सभी सावधानियों को अपनाकर, आप अपने उपकरण के संभावित दुरुपयोग से अपनी रक्षा कर सकते हैं और अपनी व्यक्तिगत जानकारी को सुरक्षित रख सकते हैं। इस प्रकार, आपको न केवल अपने उपकरण को सुरक्षित रखने के लिए, बल्कि अपनी भावनात्मक सुरक्षा के लिए भी जागरूक रहना चाहिए। सुरक्षा के प्रति आपकी सजगता ही आपको संभावित खतरों से बचा सकती है।

3

मोबाइल हॉटस्पॉट से जुड़े खतरे

मोबाइल हॉटस्पॉट साझा करना या अन्य वाई-फाई नेटवर्क्स का उपयोग करना गंभीर परिणाम ला सकता है। एक मोबाइल हॉटस्पॉट उपयोगकर्ताओं को अपने स्मार्टफोन के इंटरनेट कनेक्शन को अन्य उपकरणों के साथ साझा करने की अनुमति देता है, जो तब उपयोगी होता है जब कोई वाई-फाई उपलब्ध नहीं होता। हालांकि, यदि कोई बिना पासवर्ड के अपना हॉटस्पॉट साझा करता है, तो अन्य लोग आसानी से उससे जुड़ सकते हैं। इस सुरक्षा की कमी के कारण अनधिकृत पहुंच हो सकती है, जहां कोई व्यक्ति डेटा को इंटरसेप्ट कर सकता है या ऑनलाइन गतिविधियों की निगरानी कर सकता है।

मान लीजिए, एक व्यक्ति है, जिसे हम *दीक्षित* कहते हैं, जो अपनी गर्लफ्रेंड के मोबाइल हॉटस्पॉट से गुप्त रूप से कनेक्ट हो जाता है। उसे उसकी संवेदनशील जानकारी, जैसे व्यक्तिगत संदेश या तस्वीरें, मिल जाती हैं। बाद में, वह इस जानकारी का उपयोग करके उसे ब्लैकमेल करता है, उसे धमकी देते हुए कि यदि उसने उसकी मांगों के अनुसार नहीं किया, तो वह उसके निजी डेटा को उजागर करेगा। यह उदाहरण दर्शाता है कि हॉटस्पॉट को सुरक्षित न रखने के परिणाम कितने हानिकारक हो सकते हैं, और यह इस बात पर जोर देता है कि पासवर्ड सुरक्षा और यह जानना कितना महत्वपूर्ण है कि आपके नेटवर्क से कौन जुड़ रहा है। मजबूत पासवर्ड का उपयोग करना और सुरक्षा विशेषताओं को सक्षम करना ऐसे हमलों से बचने में मदद कर सकता है और व्यक्तियों को संभावित खतरों

से सुरक्षित रख सकता है। हमें हमेशा सजग रहना चाहिए और अपनी डिजिटल सुरक्षा को प्राथमिकता देनी चाहिए, ताकि हम ऐसे संकटों से बच सकें और अपने और अपने प्रियजनों की गोपनीयता की रक्षा कर सकें।

जोखिम जो जुड़े हैं:

1. आपके पासवर्ड चुराए जा सकते हैं: जब आप अपने उपकरण को एक हॉटस्पॉट या किसी अन्य वाई-फाई नेटवर्क से जोड़ते हैं, विशेषकर सार्वजनिक नेटवर्क से, तो आपके पासवर्ड और व्यक्तिगत जानकारी चोरी होने का जोखिम होता है। ऐसा इसलिए होता है क्योंकि ये नेटवर्क असुरक्षित हो सकते हैं, जिससे हैकर्स आपके उपकरण और इंटरनेट के बीच भेजे जा रहे डेटा को इंटरसेप्ट कर सकते हैं। उदाहरण के लिए, कल्पना कीजिए एक युवा महिला, रिया, जो एक कैफे में बैठी है और अपने फोन को वहां के मुफ्त वाई-फाई से कनेक्ट करती है। उसकी जानकारी के बिना, पास में एक हैकर ने कैफे के वाई-फाई के समान नाम वाला एक फर्जी हॉटस्पॉट सेट किया है। जब रिया इस फर्जी नेटवर्क से जुड़ती है, तो हैकर उसे ऑनलाइन की जाने वाली हर गतिविधि देख सकता है, जिसमें उसके सोशल मीडिया और ईमेल के लिए लॉगिन जानकारी शामिल है। बाद में, वह हैकर इस जानकारी का इस्तेमाल करके उसके खातों में घुसपैठ करता है, उसके निजी संदेश और फोटो इकट्ठा करता है। फिर, वह हैकर उसे धमकी देता है कि अगर उसने फिरौती नहीं दी, तो वह उसकी निजी जानकारियाँ उजागर कर देगा। यह एक वास्तविक जीवन का उदाहरण है कि कैसे हॉटस्पॉट साझा करना या सार्वजनिक वाई-फाई से जुड़ना गंभीर परिणामों की ओर ले जा सकता है, जैसे कि ब्लैकमेल। इससे बचने के लिए, सार्वजनिक नेटवर्क से कनेक्ट करते समय वर्चुअल प्राइवेट नेटवर्क (वीपीएन) का उपयोग करना, अपने सॉफ़्टवेयर को अपडेट रखना, और हमेशा यह सुनिश्चित करना आवश्यक है कि आप सही वाई-फाई नेटवर्क से जुड़ रहे हैं।

2. आपका डेटा ट्रांसमिशन इंटरसेप्ट किया जा सकता है: जब आप अपने हॉटस्पॉट को दूसरों के साथ साझा करते हैं या सार्वजनिक वाई-फाई नेटवर्क से कनेक्ट होते हैं, तो आपके डेटा ट्रांसमिशन को किसी भी व्यक्ति द्वारा इंटरसेप्ट किया जा सकता है। इसका मतलब है कि जो जानकारी आप भेजते या प्राप्त

करते हैं—जैसे संदेश, फोटो, या यहां तक कि लॉगिन क्रेडेंशियल्स—दूसरों द्वारा एक्सेस की जा सकती हैं। उदाहरण के लिए, मान लीजिए एक लड़की, रिया, कैफे में सार्वजनिक वाई-फाई नेटवर्क से अपने फोन को कनेक्ट करती है। उसकी जानकारी के बिना, एक हैकर भी उसी नेटवर्क से जुड़ा हुआ है। वह हैकर विशेष सॉफ़्टवेयर का उपयोग करके नेटवर्क के माध्यम से बहने वाले डेटा की निगरानी कर सकता है, जिससे रिया के निजी संदेश या व्यक्तिगत फोटो जैसी संवेदनशील जानकारी को कैप्चर किया जा सकता है। यदि हैकर कुछ ऐसे चीजें पाता है जो उसे ब्लैकमेल करने के लिए उपयोगी लगती हैं, तो वह उसे धमकी दे सकता है कि यदि उसने उसकी मांगें पूरी नहीं कीं, तो वह उसकी निजी जानकारी दूसरों के साथ साझा कर देगा। यह स्थिति साझा या सार्वजनिक नेटवर्क का उपयोग करने के खतरों को स्पष्ट करती है, बिना उचित सुरक्षा उपायों, जैसे एन्क्रिप्शन या वर्चुअल प्राइवेट नेटवर्क (वीपीएन) का उपयोग किए।

3. वे देख सकते हैं कि आप क्या डेटा भेज रहे हैं या प्राप्त कर रहे हैं: जब आप अपने मोबाइल हॉटस्पॉट को दूसरों के साथ साझा करते हैं या सार्वजनिक वाई-फाई नेटवर्क से कनेक्ट करते हैं, तो गंभीर गोपनीयता जोखिम जुड़े होते हैं। जब आपका उपकरण एक हॉटस्पॉट के रूप में कार्य करता है, तो कोई भी उपकरण जो इससे जुड़ता है, संभावित रूप से इसमें भेजे जा रहे डेटा को एक्सेस कर सकता है। इसका मतलब है कि कोई जो आपके हॉटस्पॉट से कनेक्ट करता है, वह देख सकता है कि आप कौन सी वेबसाइटें विजिट कर रहे हैं या आप कौन सी जानकारी भेज और प्राप्त कर रहे हैं। इसी तरह, जब आप सार्वजनिक वाई-फाई का उपयोग करते हैं, तो नेटवर्क पर ट्रांसफर किया गया डेटा साइबर अपराधी द्वारा इंटरसेप्ट किया जा सकता है। उदाहरण के लिए, कल्पना कीजिए कि एक लड़की अपने दोस्तों के समूह के साथ कैफे में बैठी है और मोबाइल हॉटस्पॉट साझा कर रही है। उसके एक दोस्त, जिसे बुरी मंशा के रूप में पाया गया है, वह सॉफ़्टवेयर का उपयोग कर सकता है ताकि वह हॉटस्पॉट के माध्यम से भेजे जा रहे डेटा की निगरानी कर सके। यदि वह लड़की व्यक्तिगत संदेश या फोटो भेजती है जो उसे निजी लगते हैं, तो यह दोस्त उन चीजों को कैप्चर कर सकता है। बाद में, वह इस जानकारी का उपयोग कर उसे धमकी दे सकता है, पैसे या फायदे की मांग कर सकता है । यह स्थिति स्पष्ट करती है कि कैसे साझा या सार्वजनिक कनेक्शन का उपयोग करना आपकी व्यक्तिगत जानकारी को खतरे में डाल सकता है, इसलिए यह जरूरी है कि आप सावधान रहें कि आप किसके साथ अपनी कनेक्शन साझा कर रहे हैं और किन

नेटवर्क से जुड़ रहे हैं।

4. वे बहुत बड़े फ़ाइलों को डाउनलोड करके आपका डेटा इस्तेमाल कर सकते हैं: जब आप अपने मोबाइल हॉटस्पॉट को साझा करते हैं या किसी अन्य वाई-फाई नेटवर्क से कनेक्ट होते हैं, तो आपका इंटरनेट डेटा उपयोग काफी बढ़ सकता है, खासकर यदि आप बड़े फ़ाइलें डाउनलोड कर रहे हैं। उदाहरण के लिए, जब कोई अपना उपकरण मोबाइल हॉटस्पॉट से कनेक्ट करता है, तो वह आसानी से इंटरनेट का उपयोग कर सकता है, जिससे उन्हें उच्च-परिभाषा फ़िल्में, सॉफ़्टवेयर एप्लिकेशन, या बड़े गेम अपडेट डाउनलोड करने के लिए प्रोत्साहित किया जा सकता है, जिन्हें काफी डेटा की आवश्यकता होती है। यह जल्दी से मोबाइल सेवा प्रदाताओं द्वारा निर्धारित डेटा सीमाओं को पार कर सकता है, जिससे उच्च शुल्क लग सकते हैं। एक वास्तविक जीवन के परिदृश्य में, कल्पना कीजिए कि एक लड़की अपने दोस्त के मोबाइल हॉटस्पॉट का उपयोग करके एक बड़ा वीडियो फ़ाइल डाउनलोड कर रही है। यदि उसके दोस्त के पास अनलिमिटेड डेटा नहीं है, तो इससे अप्रत्याशित लागत उत्पन्न हो सकती है।

5. वे उसी वाई-फाई से जुड़े अन्य उपकरणों को हैक कर सकते हैं: जब आप अपने मोबाइल हॉटस्पॉट को साझा करते हैं या सार्वजनिक वाई-फाई नेटवर्क से कनेक्ट होते हैं, तो आप अपने उपकरणों या उसी नेटवर्क से जुड़े अन्य उपकरणों को हैक करने का द्वार खोल सकते हैं। ऐसा तब होता है जब वाई-फाई पर उपकरणों के बीच संवाद करने के तरीके में कमजोरियाँ होती हैं। उदाहरण के लिए, जब आप एक सार्वजनिक वाई-फाई से कनेक्ट करते हैं, जैसे कि एक कैफे में, तो आपका उपकरण मजबूत सुरक्षा उपायों का उपयोग नहीं कर सकता, जिससे हैकर के लिए डेटा इंटरसेप्ट करना आसान हो जाता है। वे देख सकते हैं कि आप ऑनलाइन क्या कर रहे हैं, जिसमें व्यक्तिगत फ़ाइलों तक पहुंचना या यहां तक कि आपके उपकरण पर नियंत्रण प्राप्त करना भी शामिल है।

सुरक्षा सुझाव

1. **अपने डिवाइस कनेक्शन को सीमित करें:** जब आप अपने मोबाइल हॉटस्पॉट को साझा करते हैं या सार्वजनिक वाई-फाई से कनेक्ट होते हैं, तो यह बेहद आवश्यक है कि आप अपनी व्यक्तिगत जानकारी और गोपनीयता की सुरक्षा के लिए सतर्क रहें। एक महत्वपूर्ण सुरक्षा सुझाव है कि आप अपने हॉटस्पॉट से कनेक्ट करने वाले उपकरणों की संख्या को सीमित करें। अपने डिवाइस की सेटिंग्स में, आप आमतौर पर एक विकल्प पा सकते हैं जो कनेक्शन को प्रतिबंधित करता है, जिससे अनधिकृत उपयोगकर्ताओं के आपके इंटरनेट तक पहुंचने से रोकता है। उदाहरण के लिए, मान लीजिए कि एक लड़की को ब्लैकमेल किया गया है। उसने अपने मोबाइल हॉटस्पॉट को एक दोस्त के साथ साझा किया, यह सोचकर कि यह सुरक्षित है, लेकिन उस दोस्त ने अपने डिवाइस को कनेक्ट कर लिया और संभवतः उस कनेक्शन को दूसरों के साथ साझा कर दिया। इससे किसी के उसके डिवाइस को हैक करने, व्यक्तिगत जानकारी या फ़ोटो चुराने, और फिर उस जानकारी का उपयोग करके उसे ब्लैकमेल करने का खतरा हो सकता है। ऐसी स्थितियों से बचने के लिए, हमेशा सुनिश्चित करें कि आपका हॉटस्पॉट पासवर्ड-संरक्षित हो, इसे केवल भरोसेमंद व्यक्तियों के साथ साझा करें, और नियमित रूप से कनेक्शन प्रबंधित करने के लिए सेटिंग्स की जांच करें।

2. **हमेशा वाई-फाई पर काम करते समय वीपीएन का उपयोग करें:** जब आप अपना हॉटस्पॉट साझा करते हैं या किसी और के वाई-फाई से कनेक्ट होते हैं, तो आपकी ऑनलाइन सुरक्षा को प्राथमिकता देना बेहद महत्वपूर्ण है, खासकर जब आप संवेदनशील काम कर रहे हों। अपनी सुरक्षा के लिए सबसे अच्छे तरीकों में से एक है वर्चुअल प्राइवेट नेटवर्क (वीपीएन) का उपयोग करना। एक वीपीएन आपके डिवाइस और इंटरनेट के बीच एक सुरक्षित कनेक्शन बनाता है, जिससे दूसरों के लिए यह देखना मुश्किल हो जाता है कि आप ऑनलाइन क्या कर रहे हैं। उदाहरण के लिए, कल्पना करें कि एक लड़की एक अध्ययन सत्र के दौरान अपने दोस्तों के साथ अपना मोबाइल हॉटस्पॉट साझा करती है। यदि उन दोस्तों में से कोई असुरक्षित है, तो वे इंटरनेट ट्रैफ़िक की निगरानी करने के लिए उपकरणों का उपयोग कर सकते हैं। यदि लड़की व्यक्तिगत परियोजनाओं पर काम कर रही है या निजी रूप से संवाद कर रही है, तो संवेदनशील जानकारी उजागर हो सकती है। बाद में, वह असुरक्षित दोस्त निजी विवरण या फ़ोटो प्रकट करने की धमकी दे सकता है, जिससे ब्लैकमेल की स्थिति पैदा हो सकती है। एक वीपीएन का उपयोग करके, वह अपने इंटरनेट कनेक्शन को एन्क्रिप्ट कर सकती है, जिससे उसकी डेटा

की सुरक्षा होती है और किसी को भी उसकी संचार को इंटरसेप्ट करना कठिन हो जाता है। इसलिए, चाहे आप अपना हॉटस्पॉट साझा कर रहे हों या सार्वजनिक वाई-फाई का उपयोग कर रहे हों, हमेशा अपने व्यक्तिगत जानकारी की सुरक्षा के लिए अपने वीपीएन को सक्रिय रखें और संभावित खतरनाक स्थितियों से बचें।

3. **डेटा उपयोग पर सीमा निर्धारित करें:** जब आप अपना मोबाइल हॉटस्पॉट साझा करते हैं, तो डेटा उपयोग पर सीमाएं निर्धारित करना महत्वपूर्ण है ताकि आपकी सुरक्षा सुनिश्चित हो सके। सबसे पहले, जब आप दूसरों के साथ हॉटस्पॉट साझा कर रहे हों, तो अनधिकृत पहुंच से रोकने के लिए एक मजबूत पासवर्ड का उपयोग करें। इससे अजनबी आपकी अनुमति के बिना आपके डेटा का उपयोग नहीं कर पाएंगे, जो भारी शुल्क का कारण बन सकता है। इसके अतिरिक्त, अपने फोन की सेटिंग्स में डेटा सीमाएँ सक्षम करें ताकि यह नियंत्रित किया जा सके कि प्रत्येक उपयोगकर्ता कितना डेटा खर्च कर सकता है। उदाहरण के लिए, यदि आप दोस्तों के साथ एक रोड ट्रिप के दौरान अपना हॉटस्पॉट साझा कर रहे हैं, तो आप एक सीमा निर्धारित कर सकते हैं ताकि सभी को उचित पहुंच मिले और आप अपने योजना की अनुमति को पार न करें।

4. **MAC फ़िल्टरिंग का उपयोग करें:** जब आप अपना मोबाइल हॉटस्पॉट साझा करते हैं, तो अपनी जानकारी को सुरक्षित रखने के लिए कदम उठाना महत्वपूर्ण है। ऐसा करने का एक तरीका है MAC (मीडिया एक्सेस कंट्रोल) फ़िल्टरिंग के माध्यम से। हर डिवाइस जो नेटवर्क से कनेक्ट होता है, उसका एक अद्वितीय MAC पता होता है, जो इसके डिजिटल फ़िंगरप्रिंट की तरह होता है। अपने हॉटस्पॉट पर MAC फ़िल्टरिंग सक्षम करके, आप यह नियंत्रित कर सकते हैं कि कौन से डिवाइस कनेक्ट कर सकते हैं। उदाहरण के लिए, यदि आप केवल अपने दोस्तों के फोन को अपने हॉटस्पॉट तक पहुंच देना चाहते हैं, तो आप उनके MAC पते को एक सूची में जोड़ सकते हैं। इससे अज्ञात डिवाइसों को कनेक्ट करने से रोका जा सकता है, जिससे डेटा चोरी के जोखिम को कम किया जा सकता है। असली जीवन में, मान लीजिए कि एक लड़की, रिया, अपने दोस्तों के साथ एक कैफे में पढ़ाई करते समय अपना हॉटस्पॉट साझा करती है। यदि रिया ने MAC फ़िल्टरिंग सेट नहीं की है, तो एक अजनबी के पास बुरी मंशा हो सकती है, जो उसके हॉटस्पॉट से कनेक्ट कर सकता है, उसकी निजी जानकारी तक पहुंच सकता है, और संभावित रूप से इसका उपयोग उसके खिलाफ कर सकता है।

इससे ब्लैकमेल की स्थिति उत्पन्न हो सकती है, जहाँ अजनबी उसे धमकी देता है कि वह संवेदनशील जानकारी साझा करेगा जब तक वह उनकी मांगों को पूरा नहीं करती। MAC फ़िल्टरिंग का उपयोग करके, रिया अपनी सुरक्षा सुनिश्चित कर सकती है, यह सुनिश्चित करके कि केवल विश्वसनीय उपकरण ही उसके हॉटस्पॉट तक पहुंच सकें, जिससे किसी के लिए उसके कनेक्शन का दुरुपयोग करना बहुत कठिन हो जाएगा। इसके अतिरिक्त, सार्वजनिक वाई-फाई से कनेक्ट करते समय, नेटवर्क की सुरक्षा सेटिंग्स की जांच करना और संवेदनशील जानकारी को एक्सेस करने से बचना समझदारी है, खासकर जब आपका कनेक्शन सुरक्षित नहीं हो सकता।

5. अपने वाई-फाई SSID को छुपाएँ: जब आप अपना हॉटस्पॉट साझा करते हैं, तो अपनी गोपनीयता और सुरक्षा की रक्षा करने के लिए कदम उठाना महत्वपूर्ण है। एक महत्वपूर्ण सुझाव यह है कि आप अपने वाई-फाई SSID को छिपाएँ, जो आपके नेटवर्क का नाम होता है। जब आपका SSID छिपा होता है, तो अन्य लोग आपके नेटवर्क को नहीं देख सकते, जिससे उनके लिए आपकी अनुमति के बिना कनेक्ट करना मुश्किल हो जाता है। यह विशेष रूप से उन स्थितियों में महत्वपूर्ण है जहाँ कोई आपकी कनेक्शन का दुरुपयोग कर सकता है। उदाहरण के लिए, कल्पना करें कि एक लड़की अपने मोबाइल हॉटस्पॉट को एक दोस्त के साथ साझा करती है। यदि उसका हॉटस्पॉट दृश्य है, तो कोई और भी कनेक्ट हो सकता है और उसकी ऑनलाइन गतिविधियों की निगरानी कर सकता है, जो बाद में उसके खिलाफ उपयोग किया जा सकता है। अपने SSID को छिपाकर, वह अनधिकृत पहुँच के जोखिम को कम करती है। इसके अतिरिक्त, अपने हॉटस्पॉट और अपने घर के वाई-फाई के लिए मजबूत पासवर्ड का उपयोग करना आवश्यक है। यह सुनिश्चित करता है कि भले ही कोई उसके नेटवर्क को खोज ले, फिर भी वे पासवर्ड के बिना उस तक नहीं पहुँच सकते। नियमित रूप से यह जांचना भी समझदारी है कि कौन से डिवाइस उसके नेटवर्क से जुड़े हैं और किसी भी संदिग्ध डिवाइस को डिस्कनेक्ट करना। कुल मिलाकर, इन सुरक्षा उपायों से अनचाहे हस्तक्षेपों और संभावित खतरों से बचने में मदद मिल सकती है।

6. नवीनतम Wi-Fi सुरक्षा का उपयोग करें: जब आप अपना हॉटस्पॉट साझा कर रहे हों या सार्वजनिक Wi-Fi से जुड़ रहे हों, तो अपनी सुरक्षा और गोपनीयता को प्राथमिकता देना अत्यंत आवश्यक है ताकि हैकिंग या ब्लैकमेलिंग

जैसे संभावित खतरों से बचा जा सके। नवीनतम Wi-Fi सुरक्षा मानकों, जैसे कि WPA3, का उपयोग करना बहुत महत्वपूर्ण है, क्योंकि यह मजबूत एन्क्रिप्शन प्रदान करता है, जिससे अनधिकृत उपयोगकर्ताओं के लिए आपके डेटा तक पहुंच बनाना कठिन हो जाता है।

7. **पासवर्ड बार-बार बदलें:** जब आप मोबाइल हॉटस्पॉट साझा कर रहे हों या किसी और के Wi-Fi से जुड़ रहे हों, तो आज के डिजिटल युग में अपनी सुरक्षा को प्राथमिकता देना बहुत महत्वपूर्ण है। एक अच्छा अभ्यास है कि आप अपने Wi-Fi पासवर्ड को बार-बार बदलें ताकि अनधिकृत पहुंच से बचा जा सके। उदाहरण के लिए, यदि आप अक्सर अपने हॉटस्पॉट को दोस्तों के साथ साझा करते हैं, तो साप्ताहिक रूप से पासवर्ड बदलना सुनिश्चित करता है कि केवल विश्वसनीय लोग ही कनेक्ट कर सकें। यह इसलिए महत्वपूर्ण है क्योंकि यदि किसी अनजान व्यक्ति को आपके कनेक्शन तक पहुंच मिल जाती है, तो वह आपकी ऑनलाइन गतिविधियों की निगरानी कर सकता है या आपके कनेक्शन का उपयोग अवैध उद्देश्यों के लिए कर सकता है।

8. **जब उपयोग न कर रहे हों तो हॉटस्पॉट बंद करें:** जब आप अपना मोबाइल हॉटस्पॉट साझा कर रहे हों या सार्वजनिक Wi-Fi से जुड़ रहे हों, तो अपनी सुरक्षा और गोपनीयता को प्राथमिकता देना अत्यंत आवश्यक है। एक हॉटस्पॉट अन्य उपकरणों को आपके फोन के डेटा का उपयोग करके इंटरनेट से कनेक्ट करने की अनुमति देता है, लेकिन यदि आप इसे उपयोग न करने पर चालू रखते हैं, तो कोई भी निकटवर्ती व्यक्ति आपकी अनुमति के बिना कनेक्ट हो सकता है। इससे गंभीर समस्याएं हो सकती हैं, जैसे कि आपकी व्यक्तिगत जानकारी तक अनधिकृत पहुंच। एक वास्तविक जीवन के उदाहरण के रूप में, एक युवा महिला का मामला देखा जा सकता है जिसे एक मित्र के हॉटस्पॉट से कनेक्ट होने के बाद ब्लैकमेल किया गया था। उसने यह सोचकर अपनी स्थिति और व्यक्तिगत जानकारी साझा की कि यह सुरक्षित है। हालांकि, उस मित्र के पास दुर्भावनापूर्ण इरादे थे और उसने उसके खिलाफ जानकारी का उपयोग किया, धमकी दी कि यदि वह उनकी मांगों का पालन नहीं करती, तो वह निजी तस्वीरें साझा करेगा। यह इस बात पर प्रकाश डालता है कि आपको अपने कनेक्शन को साझा करने में और कौन सी व्यक्तिगत जानकारी आप प्रकट कर रहे हैं, के प्रति सतर्क रहना कितना आवश्यक है।

4

सार्वजनिक शौचालयों, होटल के कमरों और कपड़े बदलने के कमरों में छिपे हुए कैमरे

सार्वजनिक शौचालयों, होटल के कमरों और कपड़े बदलने के कमरों में छिपे हुए कैमरों का मामला एक गंभीर गोपनीयता का उल्लंघन है, जो अनजाने में शिकार हुए पीड़ितों के लिए विनाशकारी परिणाम पैदा कर सकता है। छिपे हुए कैमरे, जो अक्सर छोटे और आसानी से छिपाए जा सकते हैं, विभिन्न स्थानों पर लगाए जा सकते हैं, जिससे इन्हें पहचानना मुश्किल हो जाता है। उदाहरण के लिए, आमतौर पर, कैमरे को धूम्रपान अलार्म, एयर फ्रेशनर या यहां तक कि बिजली के सॉकेट जैसे रोजमर्रा की वस्तुओं के अंदर छिपाया जाता है। एक बार जब कैमरा स्थापित हो जाता है, तो यह बिना पीड़ित की जानकारी के वीडियो रिकॉर्ड या ऑनलाइन स्ट्रीम कर सकता है।

प्रौद्योगिकी के तेजी से विकास के कारण बेहद छोटे कैमरे बन गए हैं, जिन्हें नग्न आंखों से पहचानना मुश्किल होता है। ये छोटे उपकरण अक्सर एक बटन या एक छोटे सिक्के के आकार के होते हैं, जिससे इन्हें कपड़ों, बैगों या यहां तक कि फोन और लैपटॉप जैसे इलेक्ट्रॉनिक उपकरणों में छिपाना आसान हो जाता है। यह गोपनीयता के लिए एक महत्वपूर्ण चिंता प्रस्तुत करता है, क्योंकि व्यक्ति बिना

उनकी अनुमति के अनजाने में रिकॉर्ड किए जा सकते हैं।

उदाहरण के लिए, मान लीजिए कि एक लड़की, जिसका नाम हम रिया रखते हैं, ऑनलाइन मिले किसी व्यक्ति के साथ डेट पर जाती है। उसे यह नहीं पता कि उस व्यक्ति ने मेज पर रखी एक सजावटी वस्तु में एक छोटा कैमरा गुप्त रूप से स्थापित किया है। पूरे शाम, रिया बिना यह जाने, उसकी वीडियो बना ली जाती है। बाद में, इस फुटेज का उपयोग उसे ब्लैकमेल करने के लिए किया जाता है, जिसमें व्यक्ति धमकी देता है कि यदि वह उसकी कुछ मांगों को पूरा नहीं करती, तो वह वीडियो साझा करेगा। यह उदाहरण दर्शाता है कि कैसे इस प्रकार के छोटे कैमरे दुष्ट उद्देश्यों के लिए उपयोग किए जा सकते हैं, और हमारे आपस में जुड़े इस दुनिया में गोपनीयता के उल्लंघन के खिलाफ जागरूकता और सुरक्षा उपायों की आवश्यकता को उजागर करता है।

आज की दुनिया में, तकनीक इस स्तर तक विकसित हो गई है कि छोटे जासूसी कैमरे आसानी से उपलब्ध हैं और लगभग कहीं भी छिपाए जा सकते हैं, जिसमें सार्वजनिक शौचालय भी शामिल हैं। एक व्यक्ति जिसकी मंशा खराब है, वह शौचालय के एक स्टॉल में ऐसे छिपे हुए कैमरे को स्थापित कर सकता है, जिससे वह बिना किसी को जाने-समझे निजी क्षणों को गुप्त रूप से रिकॉर्ड या देख सकता है। उदाहरण के लिए, कल्पना करें कि एक युवा महिला सार्वजनिक शौचालय में जाती है और अनजाने में किसी ऐसे व्यक्ति का शिकार बन जाती है जिसने जासूसी कैमरा स्थापित किया है। यह व्यक्ति उसके संवेदनशील क्षणों, जैसे कपड़े बदलते समय या शौचालय का उपयोग करते समय, उसे रिकॉर्ड कर सकता है। बाद में, वह इस वीडियो का उपयोग ब्लैकमेल के लिए कर सकता है, धमकी देते हुए कि यदि महिला उसकी मांगों को पूरा नहीं करती, तो वह फुटेज ऑनलाइन साझा करेगा। गोपनीयता का यह प्रकार न केवल पीड़ित के अधिकारों का उल्लंघन करता है, बल्कि गंभीर मानसिक और मनोवैज्ञानिक नुकसान भी पहुंचा सकता है।

छिपे हुए कैमरे, जो अक्सर गुप्त तरीकों से उपयोग किए जाते हैं, गंभीर अपराधों जैसे ब्लैकमेल, फिरौती की मांगों, या यहां तक कि अश्लील वेबसाइटों के लिए अवैध सामग्री बनाने के उपकरण बन गए हैं। आमतौर पर, अपराधी इन कैमरों को निजी स्थानों, जैसे घरों या होटलों में उन व्यक्तियों की जानकारी के

बिना स्थापित करते हैं जिन्हें रिकॉर्ड किया जा रहा है। यह गोपनीयता का उल्लंघन न केवल कानूनी अधिकारों का उल्लंघन करता है, बल्कि पीड़ितों के लिए गंभीर मानसिक संकट भी उत्पन्न करता है। एक वास्तविक जीवन का उदाहरण एक मामले से संबंधित है जहां एक युवा महिला को उसकी अपनी अपार्टमेंट में बिना अनुमति के उसकी वीडियो बना ली जाती है । अपराधी, जिसने गुप्त रूप से एक कैमरा स्थापित किया था, ने बाद में उसे धमकी दी कि यदि वह उसे एक निश्चित राशि का भुगतान नहीं करती, तो वह फुटेज उसके परिवार और दोस्तों को जारी कर देगा। यह स्थिति इस बात का उदाहरण है कि कैसे छिपे हुए कैमरे जबरन वसूली के लिए हथियार बन सकते हैं, पीड़ितों को ऐसे भयावह स्थितियों में डाल सकते हैं जहां उन्हें ब्लैकमेलर की मांगों को पूरा करने के लिए मजबूर होना पड़ता है।

छिपे हुए कैमरे अब अधिक परिष्कृत और गुप्त हो गए हैं, जिससे इन्हें रोजमर्रा के गैजेट्स, जैसे कि पेन, शर्ट के बटन, की रिंग, लॉकेट, चार्जर्स, बल्ब, घड़ियाँ, लैंप, फ्रेम किए गए चित्र, आईने, ताले, और दरवाजे के हुक में समाहित किया जा सकता है। ये उपकरण अक्सर छोटे कैमरों और माइक्रोफोनों से लैस होते हैं जो बिना ध्यान आकर्षित किए वीडियो और ऑडियो रिकॉर्ड कर सकते हैं।

छिपे हुए कैमरों का पता लगाने के सुझाव

1. अपने कमरे का सावधानीपूर्वक निरीक्षण करें : अपने कमरे का निरीक्षण करते समय, अपने आपको उस व्यक्ति के रूप में सोचें जो आपकी गोपनीयता का उल्लंघन करना चाहता है। कमरे के लेआउट पर ध्यान दें: क्या वहां कोई ऐसा स्थान है जहां छिपा हुआ कैमरा अनदेखा रह सकता है? उदाहरण के लिए, दर्पण, वेंट या सजावटी वस्तुओं की स्थिति पर विचार करें। अक्सर लोग छोटे कैमरों को पौधों या चित्र फ्रेम के पीछे छिपाते हैं ताकि वे आसानी से देखे न जा सकें। सोचें कि आप उस व्यक्ति को देखने के लिए कहाँ खड़े होंगे, खासकर जब वह बाथरूम में हो। असल जीवन में, कई मामलों में लोगों ने बाथरूम में कैमरे लगाकर कई व्यक्तियों को ब्लैकमेल किया है। ऐसी स्थिति गहरा मानसिक आघात और कानून के लिए गंभीर परिणाम पैदा कर सकती है। इसलिए, यह आवश्यक है कि कोई भी बाथरूम का उपयोग करते समय अपने गोपनीयता के प्रति सजग रहे और यह सुनिश्चित करे कि वहां कोई छिपा हुआ कैमरा या निगरानी उपकरण मौजूद नहीं है।

2. धूम्रपान डिटेक्टर की जांच करें : छिपे हुए कैमरों का पता लगाने के लिए एक चतुर तरीका धूम्रपान डिटेक्टर की जांच करना है। कई लोग यह नहीं जानते कि धूम्रपान डिटेक्टर कैमरा छिपाने के लिए एक स्थान हो सकता है, क्योंकि ये आमतौर पर छत पर ऊँचाई पर लगाए जाते हैं और आम तौर पर निरीक्षण के दौरान अनदेखे रह जाते हैं। धूम्रपान डिटेक्टर की जांच करते समय, किसी भी असामान्य चीज़ की तलाश करें, जैसे खरोंचें या धूल जो आस-पास के क्षेत्र से मेल नहीं खाती। इसके बाद, अपने स्मार्टफोन की टॉर्च या एक उज्ज्वल प्रकाश का उपयोग करके डिटेक्टर पर प्रकाश डालें। यदि वहाँ एक लेंस है जो प्रकाश को वापस परावर्तित कर रहा है, तो यह एक मजबूत संकेत है कि एक कैमरा छिपा हुआ हो सकता है। एक वास्तविक जीवन के उदाहरण में, एक युवा महिला, रिया, को ब्लैकमेल करने के लिए उसके अपार्टमेंट में एक छिपा हुआ कैमरा रखा गया था। ब्लैकमेलर ने कैमरे को एक धूम्रपान डिटेक्टर के अंदर छिपा दिया था। सौभाग्य से, उसने धूम्रपान डिटेक्टर की जांच करने के बारे में जान लिया और सावधानीपूर्वक निरीक्षण के बाद उसने कैमरा ढूंढ लिया, इससे पहले कि इसका इस्तेमाल उसके खिलाफ किया जा सके। यह घटना दिखाती है कि संभावित खतरों से बचने के लिए अनपेक्षित स्थानों में छिपे हुए उपकरणों की खोज करना कितना महत्वपूर्ण है।

3. टिश्यू बॉक्स की जांच करें : छिपे हुए कैमरों का पता लगाने के लिए एक प्रायोगिक सुरक्षा टिप यह है कि आप रोज़मर्रा की वस्तुओं, जैसे टिश्यू बॉक्स, की जांच करें। छिपे हुए कैमरे अक्सर सामान्य वस्तुओं के भीतर छिपाए जा सकते हैं। उदाहरण के लिए, यदि टिश्यू बॉक्स थोड़ा असामान्य दिखता है, जैसे कोई अजीब वेंटिलेशन छिद्र या एक लेंस या प्रकाश जो असामान्य कोण पर परावर्तित हो रहा है, तो यह एक कैमरा छिपा सकता है। इसकी जांच करने के लिए, आप एक टॉर्च का उपयोग कर सकते हैं और टिश्यू बॉक्स पर प्रकाश डाल सकते हैं, ताकि आप यह देख सकें कि क्या यह किसी परावर्तक सतह या लेंस को प्रकट करता है। एक वास्तविक जीवन के परिदृश्य में, एक लड़की को उसके अपने घर में किसी ने गोपनीयता से उसकी वीडियो बना ली जाती है , जो कि टिश्यू बॉक्स में छिपे कैमरे का उपयोग कर रहा था। बाद में इस फुटेज का उपयोग करके उसे ब्लैकमेल किया गया, जिसमें पैसे की मांग की गई। यह दुखद अनुभव यह बताता है कि अपने परिवेश के प्रति सजग रहना और उन स्थानों की जांच करना जहां आप गोपनीयता की अपेक्षा करते हैं, कितना आवश्यक है।

4. **फोन कॉल करें** : जब आप अपने क्षेत्र में छिपे हुए कैमरों का पता लगाने की कोशिश कर रहे हों, तो एक प्रभावी विधि यह है कि आप संदिग्ध स्थान पर रहते हुए फोन कॉल करें। अधिकांश छिपे हुए कैमरे रेडियो आवृत्तियाँ उत्पन्न करते हैं, जो आपके फोन सिग्नल में हस्तक्षेप कर सकते हैं। अपनी कॉल के दौरान, किसी भी असामान्य व्यवधान, जैसे स्थैतिक, अजीब आवाजें, या कॉल की गुणवत्ता में अचानक गिरावट पर ध्यान दें। ये व्यवधान यह संकेत कर सकते हैं कि आपके आसपास कोई छिपा हुआ कैमरा है। यह सरल तकनीक अनचाहे निगरानी के खिलाफ एक पहला सुरक्षा उपाय प्रदान कर सकती है।

5. **नाईट विज़न** : बाथरूम जैसे क्षेत्रों में गोपनीयता सुनिश्चित करने के लिए, यह महत्वपूर्ण है कि संभावित छिपे हुए कैमरों के बारे में जागरूक रहें। एक प्रभावी सुझाव यह है कि आप अपने टॉयलेट रूम की बत्तियाँ बंद कर दें। कई छिपे हुए कैमरे नाईट विज़न क्षमताओं से लैस होते हैं, जिससे वे अंधेरे में भी स्पष्ट छवियाँ कैद कर सकते हैं। ऐसे कैमरे आमतौर पर छोटे लाल या हरे एलईडी लाइट्स होते हैं जो स्वचालित रूप से तब जलते हैं जब आसपास की रोशनी कम होती है। उदाहरण के लिए, यदि एक लड़की यह जानती है कि उसके बाथरूम की निगरानी की जा रही है, तो वह महसूस कर सकती है कि जब वह लाइट्स बंद करती है, तो कमरे के एक कोने से हल्की चमक हो रही है, जो ऐसे उपकरण की उपस्थिति का संकेत हो सकती है। असली जीवन में, कई ऐसे मामले सामने आए हैं जहां व्यक्तियों को बिना उनकी सहमति के रिकॉर्ड की गई निजी फुटेज के लिए ब्लैकमेल किया गया है। इस तरह की घटनाएँ यह बताती हैं कि नियमित रूप से अपने परिवेश की जांच करना कितना आवश्यक है। इसलिए, लाइट्स बंद करके और उन एलईडी लाइट्स की तलाश करके, लोग अपनी गोपनीयता की सुरक्षा और संभावित खतरों से खुद को बचाने के लिए एक महत्वपूर्ण कदम उठा सकते हैं।

6. **फोन की फ्लैशलाइट का उपयोग करें**: आपकी प्राइवेसी की सुरक्षा के लिए छिपे हुए कैमरों का पता लगाना बेहद महत्वपूर्ण हो सकता है, खासकर ऐसे संवेदनशील स्थानों पर जैसे कि बाथरूम। एक सरल लेकिन प्रभावी तरीका है अपने फोन की फ्लैशलाइट का उपयोग करना। प्रत्येक कैमरा लेंस कांच का बना होता है, और कांच स्वाभाविक रूप से रोशनी को परावर्तित करता है। इस तकनीक का उपयोग करने के लिए, पहले कमरे की सभी लाइट्स बंद करें ताकि एक अंधेरा

माहौल बन सके। फिर अपने फोन की फ्लैशलाइट चालू करें और धीरे-धीरे क्षेत्र की जांच करें, विशेष रूप से कोनों, छत की टाइलों और उन वस्तुओं पर ध्यान दें जो असामान्य लगती हैं। यदि आप किसी परावर्तन या प्रकाश की चमक देखते हैं जो आस-पास की सतहों से मेल नहीं खाता, तो यह छिपे हुए कैमरे की उपस्थिति का संकेत हो सकता है। उदाहरण के लिए, एक युवती सार्वजनिक बाथरूम में है और अपने फ्लैशलाइट से कमरे की जांच करते समय एक संदिग्ध रोशनी का परावर्तन देखती है। जब उसने और करीब से देखा, तो उसे अपने टॉयलेटरीज़ के बीच एक छिपा हुआ कैमरा मिला। यह समझते हुए कि उसकी प्राइवेसी का उल्लंघन हुआ है, वह तुरंत अधिकारियों से संपर्क करती है, जिससे उस व्यक्ति की गिरफ्तारी होती है जो कैमरे का उपयोग कर अनजान लड़कियों को ब्लैकमेल कर रहा था। यह उदाहरण सतर्कता और सरल उपकरणों, जैसे कि फोन की फ्लैशलाइट का उपयोग करने के महत्व को उजागर करता है, जिससे आप अपनी प्राइवेसी की सुरक्षा कर सकते हैं और अपने आस-पास संभावित खतरों की पहचान कर सकते हैं।

7. छिपे हुए कैमरा पहचानने वाला ऐप: प्राइवेसी की सुरक्षा के लिए, अपने फोन पर एक छिपे हुए कैमरा पहचानने वाला ऐप इंस्टॉल करना एक महत्वपूर्ण कदम हो सकता है। ये ऐप आपके फोन के कैमरे और सेंसर्स का उपयोग करते हैं ताकि आपको उन छिपे हुए कैमरों को खोजने में मदद मिल सके जो आपको गुप्त रूप से रिकॉर्ड कर सकते हैं। उदाहरण के लिए, कुछ ऐप्स इन्फ्रारेड रोशनी का पता लगा सकते हैं, जो अक्सर नाइट विज़न कैमरों में उपयोग होती है, भले ही कैमरा आंखों से दिखाई न दे। ऐप का प्रभावी ढंग से उपयोग करने के लिए, अपने चारों ओर के क्षेत्र की जांच करें, विशेष रूप से उन स्थानों पर जहां कोई कैमरा छिपाने की कोशिश कर सकता है, जैसे कि शीशे के पीछे, धुआं पहचानने वालों के अंदर, या सामान्य वस्तुओं जैसे अलार्म घड़ियों के बीच। एक वास्तविक जीवन की स्थिति जो इन ऐप्स के महत्व को उजागर करती है, वह है एक लड़की जो अपने अपार्टमेंट में अपने एक पूर्व मित्र द्वारा गुप्त रूप से उसकी वीडियो बना ली जाती है | इस मित्र ने छिपे हुए कैमरे का उपयोग करके उसे धमकी दी कि यदि वह उसकी मांगों का पालन नहीं करती तो वह फुटेज को जारी कर देगा। सौभाग्य से, उसने एक छिपे हुए कैमरा पहचानने वाला ऐप का उपयोग किया, जिसने उसे कैमरा पहचानने में मदद की, जिससे वह इस घटना की रिपोर्ट अधिकारियों को कर सकी। इसने न केवल उसकी प्राइवेसी की सुरक्षा की बल्कि उसे अपने ब्लैकमेलर के खिलाफ कानूनी कार्रवाई करने में भी सक्षम बनाया। सक्रिय रहकर और छिपे हुए कैमरों

की खोज करने के लिए प्रौद्योगिकी का उपयोग करके, आप संभावित प्राइवेसी उल्लंघनों और इसके साथ आने वाले भावनात्मक तनाव से खुद को सुरक्षित रख सकते हैं।

8. RF सिग्नल डिटेक्टर खरीदें: छिपे हुए कैमरों का पता लगाने के लिए RF (रेडियो फ्रीक्वेंसी) सिग्नल डिटेक्टर का उपयोग करना एक व्यावहारिक और प्रभावी समाधान हो सकता है। ये उपकरण उन रेडियो तरंगों का पता लगाकर काम करते हैं जो कैमरे अक्सर उत्सर्जित करते हैं, जिससे उन्हें खोजना आसान हो जाता है। RF सिग्नल डिटेक्टर का प्रभावी उपयोग करने के लिए, पहले यह सुनिश्चित करें कि वातावरण यथासंभव शांत हो, ताकि अन्य इलेक्ट्रॉनिक उपकरणों से हस्तक्षेप कम हो सके। धीरे-धीरे और विधिपूर्वक क्षेत्र की जांच शुरू करें, संभावित छिपने की जगहों जैसे धुएं पहचानने वालों, दीवार की सजावट या बिजली के आउटलेट के आसपास डिटेक्टर को घुमाएं, जहां कैमरे छिपे हो सकते हैं। उदाहरण के लिए, एक वास्तविक जीवन की स्थिति में, एक लड़की को पता चलता है कि उसे अपने पूर्व प्रेमी द्वारा ब्लैकमेल किया जा रहा है, जिसने उसे एक निजी क्षण में गुप्त रूप से रिकॉर्ड किया था। जब उसने महसूस किया कि कुछ गलत है, तो उसने अपने अपार्टमेंट में RF सिग्नल डिटेक्टर का उपयोग किया। जब उसने उपकरण को घुमाया और जब उसने और गहराई से जांच की, तो उसे एक छोटा कैमरा मिला जो चालाकी से छिपा हुआ था। इस खोज ने न केवल उसे अपने पूर्व प्रेमी का सामना करने में मदद की बल्कि उसके खिलाफ कानूनी कार्रवाई के लिए सबूत इकट्ठा करने का अवसर भी दिया। RF सिग्नल डिटेक्टर का उपयोग करना, असामान्य वस्तुओं और छेड़छाड़ के संकेतों के प्रति जागरूक रहना, आज की तकनीक-संचालित दुनिया में अपनी प्राइवेसी की रक्षा करने और सुरक्षा सुनिश्चित करने के लिए आवश्यक हो सकता है।

हालांकि, यह याद रखना महत्वपूर्ण है कि RF स्कैनिंग केवल तब इन उपकरणों का पता लगा सकती है जब वे डेटा भेज रहे हों। उदाहरण के लिए, यदि एक छिपा हुआ कैमरा केवल विशेष समय पर डेटा भेजने के लिए सेट किया गया है—मान लें हर कुछ मिनटों में या दिन के कुछ समय पर—तो RF स्कैनर इसे अपनी निष्क्रिय अवधि के दौरान नहीं पकड़ सकता है। इसका मतलब है कि यदि कोई किसी शिकार को ब्लैकमेल करने की कोशिश कर रहा है, जैसे कि एक लड़की जो अनजाने में एक छिपे हुए कैमरे के वीडियो में दिखाई दी, तो ब्लैकमेलर एक

ऐसा कैमरा इस्तेमाल कर सकता है जो केवल तब डेटा भेजता है जब यह गति का पता लगाता है या पूर्व-प्रोग्राम किए गए समय पर। यदि वह RF स्कैनर का उपयोग करती है जब कैमरा बंद होता है, तो उसे लग सकता है कि उसका स्थान सुरक्षित है, जिससे उसे झूठी सुरक्षा का अहसास हो सकता है। इसके परिणामस्वरूप, वह अनजाने में आगे के शोषण का शिकार बन सकती है, क्योंकि ब्लैकमेलर रिकॉर्डेड फुटेज का उपयोग करके उसे धमकी दे सकता है। यह अतिरिक्त पहचान विधियों की आवश्यकता को उजागर करता है, जैसे कि भौतिक निरीक्षण और असामान्य तारों, परावर्तक सतहों, या अन्य संकेतों की तलाश करना जो छिपे हुए कैमरे की उपस्थिति का संकेत दे सकते हैं। इन बारीकियों के प्रति जागरूक रहना किसी के लिए संभावित खतरों और प्राइवेसी के उल्लंघनों से खुद को बचाने की क्षमता को बढ़ा सकता है।

9. शीशा: प्राइवेसी सुनिश्चित करने के लिए, विशेषकर होटलों में या अपने घर में, यह जानना बहुत महत्वपूर्ण है कि कैसे उन छिपे हुए कैमरों को पहचानें जो साधारण शीशों के रूप में छिपे हो सकते हैं। एक प्रभावी सुरक्षा टिप है कि आप अपने अंगूठे का एक साधारण परीक्षण करें। अपने अंगूठे को शीशे की सतह पर रखें। एक सामान्य शीशे में, आपको अपने अंगूठे और उसके प्रतिबिंब के बीच एक छोटा सा गैप दिखाई देना चाहिए। यह गैप इस कारण से होता है कि कांच आपकी छवि को वास्तविक सतह से थोड़ी दूरी पर परावर्तित करता है। हालाँकि, यदि आप देखते हैं कि आपका अंगूठा सीधे प्रतिबिंब को छू रहा है बिना किसी गैप के, तो यह संकेत दे सकता है कि आप सामान्य शीशे को नहीं देख रहे हैं बल्कि शायद एक दो-तरफा शीशा है, जिसके पीछे एक छिपा हुआ कैमरा हो सकता है। उदाहरण के लिए, एक वास्तविक जीवन की स्थिति पर विचार करें जहां एक युवती नाम की रिया ने एक साधारण होटल कमरे में चेक-इन किया। कुछ समय तक आराम करने के बाद, उसने बाथरूम के शीशे में एक अजीब प्रतिबिंब देखा जो रोशनी को अजीब तरीके से विकृत कर रहा था। उसने याद किया कि छिपे हुए कैमरों का पता लगाने के लिए उसने जो सुरक्षा सलाह पढ़ी थी, उसके अनुसार उसने अंगूठे का परीक्षण किया। उसकी दहशत में, वहाँ कोई गैप नहीं था—उसका अंगूठा सीधे प्रतिबिंब को छू रहा था। इस खोज ने उसे यह एहसास दिलाया कि वह कितनी संभावित खतरे में थी; शीशा एक कैमरा छिपा सकता था, और उसकी प्राइवेसी का उल्लंघन हो सकता था। यदि कोई उसे गुप्त रूप से रिकॉर्ड कर रहा होता, तो इससे गंभीर समस्याएं हो सकती थीं, जिसमें ब्लैकमेल का खतरा भी शामिल था। रिया ने तुरंत

होटल प्रबंधन को अपनी खोजों की रिपोर्ट की और पुलिस को बुलाया, जिससे एक संभावित खतरनाक स्थिति से बचा जा सका। यह इस बात पर जोर देता है कि अपने आस-पास के बारे में जागरूक रहना और छिपे हुए कैमरों की जांच करने का तरीका जानना कितना महत्वपूर्ण है, खासकर अज्ञात स्थानों पर।

10. यदि आप कभी किसी स्थिति में असहज महसूस करें : जैसे किसी ऐसे व्यक्ति के साथ अकेले रहना जिस पर आप भरोसा नहीं करते हैं या किसी अजीब होटल के कमरे में—तो अपनी अंतर्ज्ञान पर भरोसा करें। एक वास्तविक जीवन का उदाहरण है एक लड़की का मामला जो गुप्त रूप से एक निजी क्षण में उसकी वीडियो बना ली जाती है और उसके बाद ब्लैकमेल किया गया। जिस ने उसे रिकॉर्ड किया उसने उसके अपार्टमेंट में एक छिपा हुआ कैमरा का इस्तेमाल किया, और जब उसने फुटेज खोजी, तो उसने महसूस किया कि वह फंस गई है और भयभीत है। यहाँ मुख्य संदेश यह है कि यदि आप कभी भी अपनी प्राइवेसी के बारे में असहज महसूस करते हैं, तो तुरंत उस क्षेत्र या स्थिति को छोड़ देना आवश्यक है और यदि आवश्यक हो, तो मदद मांगें। हमेशा अपनी सुरक्षा को प्राथमिकता दें और याद रखें कि अपने आप को सुरक्षित रखना ठीक है।

5

AI कपड़े हटाने की तकनीक: एक गंभीर खतरा

"एआई कपड़े हटाने" की अवधारणा उस तकनीक का उल्लेख करती है जिसमें कृत्रिम बुद्धिमत्ता का उपयोग करके चित्रों या वीडियो को इस तरह से संशोधित किया जाता है कि ऐसा प्रतीत होता है जैसे कोई व्यक्ति कपड़े नहीं पहने हुए है। यह तकनीक वस्त्रों के पैटर्न का विश्लेषण करती है और फिर उन्हें डिजिटल रूप से बदल देती है। जबकि यह तकनीकी प्रगति एक अद्भुत उपलब्धि लग सकती है, लेकिन यह गंभीर नैतिक चिंताओं को भी जन्म देती है, विशेषकर जब इसका दुरुपयोग किया जाए। एक वास्तविक जीवन के उदाहरण पर विचार करें, जब किसी ने एआई का उपयोग करके एक लड़की की फर्जी छवियाँ बनाई, जिसमें उसके कपड़े डिजिटल रूप से हटा दिए गए, और इन छवियों को उसकी अनुमति के बिना साझा किया। इससे गंभीर परिणाम उत्पन्न हो सकते हैं, जैसे उत्पीड़न, ब्लैकमेलिंग या उसकी प्रतिष्ठा को नुकसान। उस लड़की को धमकी दी जा सकती है कि यदि वह ब्लैकमेलर की मांगों का पालन नहीं करती, तो ये छवियाँ सार्वजनिक की जाएंगी, जिससे उसके लिए एक अत्यंत तनावपूर्ण स्थिति पैदा हो जाती है। यह दिखाता है कि कैसे एआई का दुरुपयोग किया जा सकता है, इस डिजिटल युग में ऐसे दुरुपयोगों को रोकने के लिए नियमों और नैतिक मानकों की आवश्यकता को रेखांकित करता है।

एआई कपड़े हटाने वाले उपकरण अत्याधुनिक कंप्यूटर प्रोग्राम हैं जो कृत्रिम बुद्धिमत्ता का उपयोग करके चित्रों को इस तरह संपादित करते हैं कि ऐसा लगता है जैसे किसी का कपड़ा हटा दिया गया है। ये एल्गोरिदम एक फोटो में आकृतियों, रंगों और पैटर्न का विश्लेषण करते हैं और फिर उन क्षेत्रों को त्वचा के रंग या अन्य पृष्ठभूमि तत्वों से बदल देते हैं। यह तकनीक इतनी प्रभावशाली हो सकती है कि यह वास्तविकता को चित्रित करती है, भले ही मूल फोटो में व्यक्ति पूरी तरह से कपड़े पहना हुआ हो। एआई कपड़े हटाने वाले उपकरण गहरे अध्ययन के मॉडल का उपयोग करते हैं ताकि छवियों को संसाधित किया जा सके और यथार्थवादी नग्नता या स्पष्ट सामग्री की प्रस्तुतियाँ बनाई जा सकें। ये मॉडल हजारों छवियों वाले विस्तृत डेटासेट से सीखते हैं, जिससे उन्हें मानव शरीर रचना और विभिन्न प्रकार के कपड़े कैसे फिट होते हैं, इसे समझने में मदद मिलती है। उदाहरण के लिए, एक मॉडल विभिन्न कपड़ों की शैलियों और शरीर के प्रकारों की छवियों पर प्रशिक्षित हो सकता है, जिससे यह अनुमान लगाना संभव हो जाता है कि कोई व्यक्ति बिना कपड़ों के कैसा दिखेगा।

दुर्भाग्यवश, इस तकनीक का दुरुपयोग नापाक उद्देश्यों के लिए किया जा सकता है, जैसे कि ब्लैकमेलिंग। एक वास्तविक उदाहरण में, जब किसी व्यक्ति ने एक महिला की निजी फोटो को चोरी करके एआई का उपयोग करके उसके नग्न चित्र बनाए। ब्लैकमेलर ने उसे धमकी दी कि यदि वह उसकी मांगों का पालन नहीं करती, तो वह इन संशोधित छवियों को साझा करेगा। इस प्रकार का दुरुपयोग यह दर्शाता है कि जब एआई तकनीक का दुरुपयोग किया जाता है, तो यह गोपनीयता का उल्लंघन और दूसरों को नुकसान पहुंचाने का एक साधन बन सकता है।

यह तकनीक हानिकारक तरीकों से दुरुपयोग की जा सकती है, जैसे कि जब कोई व्यक्ति एक फोटो को लेता है और फिर उसे एआई के साथ संशोधित करता है ताकि एक नकली नग्न छवि बनाई जा सके। ऐसी छवि को फिर ब्लैकमेल के लिए उपयोग किया जा सकता है, जहां अपराधी धमकी देता है कि यदि पीड़ित उनकी मांगों का पालन नहीं करता, तो वह संशोधित फोटो साझा करेगा, जिससे पीड़ित को गंभीर भावनात्मक तनाव और प्रतिष्ठा को नुकसान पहुंच सकता है। उदाहरण के लिए, एक युवा महिला का वास्तविक मामला विचार करने योग्य है, जो इस प्रकार की तकनीक की शिकार बनी। उसके पूर्व-प्रेमी ने एआई उपकरणों का उपयोग करके उसकी फर्जी नग्न छवियाँ बनाई और फिर उसे धमकी दी कि

यदि वह उसकी मांगों का पालन नहीं करती, तो वह ये छवियाँ साझा करेगा। इस प्रकार का ब्लैकमेल न केवल पीड़िता को भावनात्मक तनाव और चिंता का सामना करने के लिए मजबूर करता है, बल्कि यह उसे सामाजिक संपर्कों से डराता भी है, यह जानते हुए कि ये छवियाँ व्यापक रूप से प्रसारित हो सकती हैं।

ऐसे उदाहरण एआई के दुरुपयोग और शोषण की खतरनाक संभावनाओं को उजागर करते हैं, दिखाते हैं कि कैसे तकनीक का दुरुपयोग व्यक्तियों, विशेषकर महिलाओं, को नुकसान पहुंचाने के लिए किया जा सकता है। ऐसे अनुभवों के मानसिक आघात जीवन भर रह सकते हैं, जिससे उनके मानसिक स्वास्थ्य पर असर पड़ता है। जब व्यक्तिगत छवियाँ बिना सहमति के साझा की जाती हैं, तो पीड़ितों को अक्सर इंटरनेट से उन्हें हटाने में महत्वपूर्ण कठिनाइयों का सामना करना पड़ता है। एक बार जब ये छवियाँ अपलोड हो जाती हैं, तो वे तेजी से सोशल मीडिया प्लेटफ़ॉर्म और वेबसाइटों पर फैल सकती हैं, जिससे पीड़ित के लिए सभी प्रतियों को ट्रैक करना और हटाना लगभग असंभव हो जाता है। यह स्थिति दीर्घकालिक मनोवैज्ञानिक प्रभावों का कारण बन सकती है, जैसे कि चिंता, अवसाद और असहायता की भावना।

सुरक्षा टिप्स

1. सुनिश्चित करें कि आपका परिवार AI कपड़े हटाने की तकनीक के काम करने के तरीके को समझता है: AI-संचालित कपड़े हटाने की तकनीक के दुरुपयोग को रोकने के लिए सुरक्षा टिप्स पर चर्चा करते समय, यह आवश्यक है कि परिवारों को समझाएं कि ये उपकरण कैसे कार्य करते हैं और ये किस तरह के खतरे पैदा कर सकते हैं। AI कपड़े हटाने की प्रणालियाँ जटिल एल्गोरिदम का उपयोग करके छवियों का विश्लेषण करती हैं और व्यक्ति के शरीर से कपड़ों को अलग करती हैं, जो अक्सर यह दर्शाने में मदद करती हैं कि कोई बिना कपड़ों के कैसा दिख सकता है। यह तकनीक बुरे इरादों के लिए दुरुपयोग की जा सकती है, जैसे कि ब्लैकमेल।

2. सोशल मीडिया पर अपनी पोस्ट कम करें: आर्टिफिशियल इंटेलिजेंस (AI) और ऑनलाइन गोपनीयता से संबंधित संभावित खतरों से बचने के लिए एक

प्रभावी सुरक्षा टिप है कि आप सोशल मीडिया पर अपने व्यक्तिगत कंटेंट को कम करें। सोशल मीडिया प्लेटफॉर्म अक्सर ऐसी छवियों और जानकारी से भरे होते हैं जिन्हें दूसरों द्वारा दुरुपयोग किया जा सकता है, जिसमें AI उपकरण शामिल हैं जो इन डेटा का विश्लेषण और हेरफेर कर सकते हैं। यदि आप यह सुनिश्चित करना चाहते हैं कि आप सुरक्षित हैं, तो अपने स्थान, व्यक्तिगत अनुभव या किसी भी कम कपड़ो वाली फोटो को साझा करने वाले पोस्ट को सीमित करें। हमेशा याद रखें कि एक बार कुछ ऑनलाइन हो जाने पर, यह नियंत्रित करना चुनौतीपूर्ण हो सकता है कि कौन इसे देखता है या इसका कैसे उपयोग किया जा सकता है, खासकर आजकल AI तकनीक की क्षमताओं के साथ।

3. अपनी उच्च गुणवत्ता वाली तस्वीरें साझा न करें: यह महत्वपूर्ण है कि आप अपनी उच्च गुणवत्ता वाली तस्वीरें साझा करने में सतर्क रहें। उच्च-रिज़ॉल्यूशन छवियाँ किसी ख़राब मानसिकता वाले व्यक्ति द्वारा आसानी से हेरफेर की जा सकती हैं, जिससे भ्रामक या अनुपयुक्त सामग्री उत्पन्न हो सकती है। उदाहरण के लिए, एक युवा महिला जिसका नाम रिया है, ने अपनी स्पष्ट, उच्च गुणवत्ता वाली तस्वीर ऑनलाइन साझा की। इस छवि को बाद में किसी ने बदल दिया, जिससे एक नकली छवि बनी जो उसे एक Nude स्थिति में दिखा रही थी। इस हेरफेर की गई तस्वीर का उपयोग उसे ब्लैकमेल करने के लिए किया गया, जिसमें पैसे की मांग की गई। विशेष रूप से उच्च किस्म के कैमरा से खींची हुई फोटो पोस्ट करने से बचे। उदाहरण के लिए अपने फोटो को ज़ूम करे अगर वो ज़ूम करने पर भी एक साफ़ और थोड़ी बहुत भी धुंधली नहीं दिखती है तो उसको पोस्ट नहीं करे।

4. अपने खाते को हमेशा निजी रखें: AI उपकरणों का उपयोग करते समय, अपने खाते को निजी रखना अत्यंत आवश्यक है ताकि संभावित दुरुपयोग से बचा जा सके, जैसे कि व्यक्तिगत सामग्री का अवांछित अनावरण। इसका मतलब है कि आपको संवेदनशील जानकारी साझा करने से बचना चाहिए, जिसमें तस्वीरें या संदेश शामिल हैं जिन्हें दूसरों द्वारा दुरुपयोग किया जा सकता है। हमेशा अपने सोशल मीडिया अकाउंट को प्राइवेट रखे जिससे अनजान लोग आपके फोटो को नहीं देख पाए।

5. जो कुछ भी आप ऑनलाइन देखते हैं, उस पर भरोसा न करें: ऑनलाइन इंटरैक्शन की सुरक्षा के संदर्भ में, विशेषकर आर्टिफिशियल इंटेलिजेंस (AI) से

संबंधित, यह याद रखना महत्वपूर्ण है: "जो कुछ भी आप ऑनलाइन देखते हैं, उस पर भरोसा न करें।" AI तकनीकें अत्यधिक वास्तविकता के साथ छवियाँ और वीडियो बना सकती हैं, जिससे किसी के लिए सामग्री को हेरफेर करना और सच्चाई को गलत तरीके से प्रस्तुत करना आसान हो जाता है। उदाहरण के लिए, कल्पना करें कि एक लड़की किसी ऐसे व्यक्ति के साथ व्यक्तिगत तस्वीरें साझा करती है जिसे वह भरोसेमंद मानती है। हालाँकि, यह व्यक्ति AI उपकरणों का उपयोग कर इन छवियों को परिवर्तित कर सकता है, जिससे यह लगने लगता है कि वह शारीरिक संबंध बनाने वाली स्थिति में है। वे फिर इन संपादित छवियों को ऑनलाइन साझा करने की धमकी दे सकते हैं, और पैसे या अन्य के लिए उसे ब्लैकमेल कर सकते हैं। यह वास्तविक जीवन का उदाहरण यह दर्शाता है कि हमें साझा की गई सामग्री और जिन लोगों पर हम भरोसा करते हैं, उनके प्रति सतर्क रहना कितना महत्वपूर्ण है। हमेशा जानकारी की प्रामाणिकता और उन लोगों के इरादों की जांच करें जिनके साथ हम ऑनलाइन इंटरैक्ट करते हैं। इसके अलावा, अपने व्यक्तिगत जानकारी को देखने वालों को सीमित करने के लिए सोशल मीडिया पर गोपनीयता सेटिंग्स का उपयोग करें, और किसी को भी चित्र या व्यक्तिगत विवरण भेजने से पहले सोच-समझ कर निर्णय लें। सतर्क रहकर और जागरूक होकर, हम संभावित शोषण से खुद को बचा सकते हैं और अपनी डिजिटल सुरक्षा बनाए रख सकते हैं।

6. अपने या अपने परिवार की तस्वीरें असुरक्षित सोशल मीडिया पर पोस्ट करना बंद करें : आज के डिजिटल युग में, यह समझना अत्यंत आवश्यक है कि व्यक्तिगत तस्वीरें साझा करने के साथ क्या जोखिम जुड़े हैं, विशेष रूप से जब आर्टिफिशियल इंटेलिजेंस (AI) का उपयोग करके इन छवियों में हेरफेर किया जा सकता है। एक महत्वपूर्ण सुरक्षा टिप यह है कि असुरक्षित सोशल मीडिया खातों पर अपने या अपने परिवार की तस्वीरें पोस्ट करना बंद करें। जब आप सार्वजनिक रूप से छवियाँ साझा करते हैं, तो कोई भी उन्हें एक्सेस कर सकता है, और उन्नत AI उपकरणों का उपयोग करके डीपफेक छवियाँ या वीडियो बनाए जा सकते हैं, जिन्हें किसी को ब्लैकमेल या परेशान करने के लिए उपयोग किया जा सकता है। उदाहरण के लिए, एक युवा महिला की कहानी पर विचार करें जिसने अपनी सार्वजनिक इंस्टाग्राम अकाउंट पर कुछ तस्वीरें पोस्ट की थीं। एक किसी ख़राब मानसिकता वाले व्यक्ति ने उसकी तस्वीरें डाउनलोड कीं और AI सॉफ्टवेयर का उपयोग करके उसकी नकली अश्लील छवियाँ बनाई। इन छवियों का उपयोग उसे ब्लैकमेल करने के लिए किया गया, जिसमें उसे पैसे देने की धमकी दी गई,

अन्यथा उन्हें उसके दोस्तों और परिवार के साथ साझा करने की चेतावनी दी गई। यह स्थिति इस बात पर जोर देती है कि अपने सोशल मीडिया प्रोफाइल को निजी रखना और जो साझा करें उस पर सावधानी बरतना कितना महत्वपूर्ण है। हमेशा याद रखें कि जब एक छवि ऑनलाइन होती है, तो उसका दुरुपयोग किया जा सकता है। इसलिए व्यक्तिगत तस्वीरें पोस्ट करने से पहले दो बार सोचें, क्योंकि इसके गंभीर परिणाम हो सकते हैं, जैसे भावनात्मक तनाव और वित्तीय हानि। अपनी ऑनलाइन उपस्थिति के प्रति जागरूक रहकर और जोखिम को सीमित करके, आप AI-संचालित हेरफेर और ब्लैकमेल का शिकार होने का जोखिम काफी कम कर सकते हैं।

7. अपने दोस्तों की तस्वीरें बिना अनुमति के अपनी स्टोरी पर न डालें : सोशल मीडिया का उपयोग करते समय, दूसरों की गोपनीयता का सम्मान करना बहुत महत्वपूर्ण है, विशेषकर जब तस्वीरें साझा करने की बात हो। एक महत्वपूर्ण सुरक्षा टिप यह है कि कभी भी अपने दोस्तों की तस्वीरें उनकी अनुमति के बिना न डालें, खासकर वे छवियाँ जो संवेदनशील या शर्मनाक हो सकती हैं।

8. उन फोटो कैप्चरिंग ऐप्स के बारे में सावधान रहें जो आपका डेटा अपने सर्वर पर स्टोर कर रहे हैं : फोटो कैप्चरिंग ऐप्स का उपयोग करते समय, विशेष रूप से जो आर्टिफिशियल इंटेलिजेंस (AI) को शामिल करते हैं, यह जानना अत्यंत महत्वपूर्ण है कि आपका व्यक्तिगत डेटा कैसे संभाला और संग्रहीत किया जाता है। इनमें से कई ऐप्स आपकी कैमरा और गैलरी तक पहुंच की मांग करते हैं, जिससे संवेदनशील छवियाँ आपकी सहमति के बिना उनके सर्वर पर अपलोड हो सकती हैं। यह उन व्यक्तियों के लिए विशेष रूप से महत्वपूर्ण है जो निजी या अंतरंग तस्वीरें ले सकते हैं, क्योंकि इन्हें संभावित रूप से दुरुपयोग के लिए इस्तेमाल किया जा सकता है। उदाहरण के लिए, कई मामलों में एक लड़की ने एक निजी फोटो ली, और बाद में ऐप ने उस छवि को अपने सर्वर पर स्टोर किया। यदि कंपनी हैक हो जाती है या यदि ऐप के निर्माताओं ने डेटा का दुरुपयोग करने का निर्णय लिया, तो वह छवि गलत हाथों में जा सकती है। एक वास्तविक जीवन के परिदृश्य में, एक युवा महिला ब्लैकमेल का शिकार बन गई जब किसी ने एक ऐप के माध्यम से उसकी निजी फोटो तक पहुंच बनाई। ब्लैकमेलर ने उसे अपनी छवि जारी करने की धमकी दी, जब तक वह एक निश्चित राशि का भुगतान नहीं करती, जिससे उसे गंभीर भावनात्मक तनाव और सार्वजनिक अपमान का सामना करना पड़ा। ऐसी स्थितियों से बचने के लिए, किसी भी ऐप को डाउनलोड करने से पहले उसकी

गोपनीयता नीति की जांच करें, संवेदनशील छवियाँ अपने सर्वर पर स्टोर करने वाले ऐप्स का उपयोग करने से बचें, और उन ऐप्स का उपयोग करने पर विचार करें जो एंड-टू-एंड एन्क्रिप्शन प्रदान करते हैं, यह सुनिश्चित करते हुए कि आपका डेटा निजी और सुरक्षित रहे। इसके अतिरिक्त, किसी भी ऐसी छवि को साझा करने के बारे में सतर्क रहें, जिसे आप नहीं चाहते कि दुनिया देखे, क्योंकि एक बार जब वे ऑनलाइन होती हैं, तो आप उनका नियंत्रण खो देते हैं।

9. अत्यधिक टाइट कपडे नहीं पहने : जब बात आर्टिफिशियल इंटेलिजेंस के युग में आपकी गोपनीयता की सुरक्षा की हो, विशेषकर उन AI के संबंध में जो छवियों से कपड़े हटाने में सक्षम हैं, तो कुछ महत्वपूर्ण सुरक्षा सुझाव हैं जिन्हें ध्यान में रखना चाहिए। एक प्रभावी विधि है तस्वीरों में ढीले कपड़े पहनना। AI जो कपड़े हटाने का प्रयास करती है, आमतौर पर ऐसी छवियों को बनाने में कठिनाई महसूस करती है यदि कपड़े ढीले होते हैं या शरीर पर कसकर फिट नहीं होते। उदाहरण के लिए, एक वास्तविक जीवन का मामला है जिसमें एक युवा महिला को ब्लैकमेल का शिकार बनाया गया जब किसी ने उसकी तस्वीरों को प्राप्त किया और AI उपकरणों का उपयोग करके उसकी कपड़े हटाकर अश्लील छवियाँ बनाई। मूल तस्वीरों में वह अत्यधिक टाइट कपडे में थी, लेकिन AI ने छवि को हेरफेर कर उसे एक भ्रामक और हानिकारक रूप में प्रस्तुत किया। यदि उसने अधिक सतर्कता बरती होती और ढीले कपड़े पहनने का विकल्प चुना होता, तो AI को ऐसी अश्लील सामग्री उत्पन्न करने में कठिनाई होती। इसके अतिरिक्त, जो आप ऑनलाइन साझा करते हैं, उसके प्रति सजग रहना, सुरक्षित गोपनीयता सेटिंग्स का उपयोग करना और अपने डिजिटल फुटप्रिंट के प्रभावों पर विचार करना संभावित ब्लैकमेल और उत्पीड़न से बचाने में सहायक हो सकता है।

10. आर्टिफिशियल इंटेलिजेंस (AI) का उपयोग करते समय, सुरक्षा हमेशा प्राथमिकता होनी चाहिए : विशेषकर गोपनीयता और व्यक्तिगत सुरक्षा के संदर्भ में, सुरक्षा हमेशा प्राथमिकता होनी चाहिए। एक महत्वपूर्ण पहलू है कि कोई व्यक्ति कौन से कपड़े पहनता है, विशेषकर उन स्थितियों में जहां AI का उपयोग छवियों में हेरफेर करने या डीपफेक बनाने के लिए किया जा सकता है। उदाहरण के लिए, यदि कोई व्यक्ति बहुत तंग या अत्यधिक टाइट कपडे पहनता है, तो AI एल्गोरिदम के लिए छवियों को बढ़ाने या बदलना आसान हो सकता है, जिससे अनचाही ध्यान या यहां तक कि ब्लैकमेल का सामना करना पड़ सकता है। एक

वास्तविक जीवन का उदाहरण है कि एक युवा महिला ने सोशल मीडिया पर बिकिनी में तस्वीरें साझा कीं; इन छवियों को बाद में किसी ने दुर्भावनापूर्ण इरादे से बदला और झूठा, अश्लील कंटेंट बनाया। इस बदले हुए कंटेंट का उपयोग करके उसे ब्लैकमेल किया गया, जिसमें धमकी दी गई कि यदि वह कुछ मांगों को पूरा नहीं करती तो इसे जारी कर दिया जाएगा। ऐसी स्थितियों से बचने के लिए, व्यक्तियों को अपने कपड़ों के विकल्पों के बारे में सोच-समझकर निर्णय लेना चाहिए, अधिक संवेदनशील वस्त्रों का चयन करना चाहिए जो शरीर को अधिक कवर करते हैं, विशेषकर जब वे ऑनलाइन छवियाँ साझा कर रहे हों। उचित कपड़ों के चयन के बारे में जागरूक रहकर और यह समझकर कि AI का दुरुपयोग कैसे हो सकता है, व्यक्ति डिजिटल हेरफेर और उत्पीड़न से जुड़े संभावित खतरों से अपनी रक्षा कर सकते हैं।

6

सोशल मीडिया पर रील्स बनाने के खतरे

सोशल मीडिया पर रील्स और शॉर्ट वीडियो बनाना मजेदार और बेखौफ लग सकता है, लेकिन अगर इसका गलत इस्तेमाल किया जाए, तो इसके गंभीर परिणाम हो सकते हैं, खासकर एआई-आधारित तकनीकों के बढ़ते प्रभाव के साथ। ये एआई टूल्स लोगों की नग्न छवियाँ या वीडियो बनाने के लिए इस्तेमाल किए जा सकते हैं, भले ही वे मूल सामग्री में पूरी तरह से कपड़े पहने हुए हों। इससे गंभीर परिणाम हो सकते हैं, जैसे कि ब्लैकमेलिंग, उत्पीड़न, और प्रतिष्ठा को नुकसान।

उदाहरण के लिए, कल्पना करें कि एक लड़की ने सोशल मीडिया पर सामान्य कपड़ों में नाचते हुए एक छोटा वीडियो पोस्ट किया। अगर कोई व्यक्ति बुरे इरादों के साथ उस वीडियो को डाउनलोड करता है, तो वह एआई टूल का उपयोग करके एक नकली, अश्लील वीडियो बना सकता है, जिससे ऐसा प्रतीत होता है कि वह कपड़े नहीं पहन रही है। यह नकली सामग्री फिर उसका ब्लैकमेल करने के लिए इस्तेमाल की जा सकती है, जिसमें उसे सार्वजनिक रूप से साझा करने की धमकी दी जा सकती है, जब तक वह ब्लैकमेलर की मांगों को पूरा नहीं करती, जो पैसे से लेकर अन्य मांग हो सकती हैं। पीड़ित को गंभीर भावनात्मक आघात, अपमान, और डर का सामना करना पड़ सकता है, और एक बार जब सामग्री ऑनलाइन फैल जाती है, तो उसे पूरी तरह से हटाना लगभग असंभव होता है।

जब एआई का दुरुपयोग किया जाता है, तो यह विशेष रूप से युवा महिलाओं और लड़कियों के लिए एक बड़ा खतरा बन जाता है, जो ऑनलाइन वीडियो पोस्ट करने के संभावित खतरों को पूरी तरह से नहीं समझ पाती हैं। इसलिए, यह महत्वपूर्ण है कि हम सतर्क रहें और जानें कि इस तरह की सामग्री को हानिकारक इरादों वाले लोग कैसे दुरुपयोग कर सकते हैं। यहां तक कि निर्दोष वीडियो भी एआई हेरफेर के कारण साइबर अपराध के उपकरण बन सकते हैं, जिससे लोगों की गोपनीयता और सुरक्षा को खतरा हो सकता है।

एआई उपकरणों की वृद्धि, जो सेकंडों में वीडियो से कपड़े हटाने में सक्षम हैं, ने गोपनीयता का उल्लंघन, साइबर उत्पीड़न, और ब्लैकमेल के क्षेत्र में महत्वपूर्ण जोखिम प्रस्तुत किए हैं। ये एआई-संचालित उपकरण उन्नत मशीन लर्निंग एल्गोरिदम का उपयोग करके दृश्य सामग्री को संशोधित करते हैं, जिससे लोगों के बिना उनकी अनुमति के हाइपर-यथार्थवादी चित्रण बनते हैं। जबकि ये उपकरण अक्सर मनोरंजन या "हानिरहित" उपयोग के लिए विपणन किए जाते हैं, उन्हें हानिकारक तरीकों से दुरुपयोग किया जा सकता है। उदाहरण के लिए, एक दुर्भावनापूर्ण व्यक्ति किसी लड़की की नृत्य या फैशन वीडियो को ले सकता है और एआई का उपयोग करके ऐसा संस्करण बना सकता है जिसमें ऐसा प्रतीत हो कि वह बिना कपड़े के है। परिणामी संशोधित वीडियो फिर ऑनलाइन साझा किया जा सकता है, जिससे पीड़ित के लिए विशाल प्रतिष्ठा का नुकसान और भावनात्मक संकट उत्पन्न होता है।

एक वास्तविक जीवन के परिदृश्य में, लड़की को एक ब्लैकमेलर द्वारा धमकी दी जा सकती है जो पैसे या अन्य मांग करता है, यह धमकी देते हुए कि वह नकली वीडियो को उसके दोस्तों, परिवार या सार्वजनिक रूप से साझा करेगा। पीड़ित अक्सर फंसे हुए महसूस करते हैं, यह नहीं जानते कि ऐसे यथार्थवादी डिजिटल फर्जीवाड़े के खिलाफ खुद का कैसे बचाव करें। इन खतरों का मानसिक बोझ गहरा हो सकता है, जिससे चिंता, अवसाद, या और भी खराब स्थिति उत्पन्न हो सकती है। यह उदाहरण उस अंधेरे पक्ष को उजागर करता है जिसमें एआई की क्षमताएं दुर्भावनापूर्ण इरादों के साथ उपयोग की जाती हैं, और यह डिजिटल दुनिया में नियमन, नैतिकता, और व्यक्तिगत अधिकारों की सुरक्षा के बारे में महत्वपूर्ण प्रश्न उठाता है। बिना उचित सुरक्षा उपायों के, ये एआई उपकरण साइबरबुलिंग और उत्पीड़न में शक्तिशाली हथियार बन सकते हैं।

एक वास्तविक जीवन के उदाहरण में, 17 वर्षीय लड़की रिया एआई ब्लैकमेल की शिकार बनी। किसी ने एआई का उपयोग करके उसके इंस्टाग्राम वीडियो में बदलाव किया जिससे यह प्रतीत होता है कि वह निर्वस्त्र है। उस व्यक्ति ने रिया को एक संदेश भेजकर पैसे की मांग की, यह धमकी देते हुए कि अगर उसने सहयोग नहीं किया तो वह नकली वीडियो को उसके दोस्तों और परिवार को दिखा देगा। सामाजिक परिणामों के डर से रिया ने आत्महत्या के बारे में सोचा, न्याय और बर्बाद हुई प्रतिष्ठा के डर से फंसी हुई महसूस की। भावनात्मक आघात विशाल था, जिससे उसने दोस्तों से दूरी बना ली, आत्मविश्वास खो दिया, और गंभीर चिंता का सामना किया। इस प्रकार का साइबर शोषण न केवल गोपनीयता का उल्लंघन है, बल्कि यह डिजिटल यौन हमला का एक रूप है जिसका दीर्घकालिक मनोवैज्ञानिक प्रभाव हो सकता है। अगर इसे तुरंत नहीं संभाला गया, तो यह विनाशकारी परिणामों की ओर ले जा सकता है, जिसमें आत्महत्या शामिल है, क्योंकि पीड़ित अक्सर सार्वजनिक अपमान के सामने निराश और शर्मिंदा महसूस करते हैं।

यह उदाहरण यह दर्शाता है कि कैसे उन्नत एआई तकनीकें, जब दुरुपयोग की जाती हैं, तो डिजिटल सामग्री में हेरफेर करके, झूठी लेकिन अत्यधिक विश्वासनीय कथाएँ बनाकर, और उन्हें उत्पीड़न और ब्लैकमेल के उपकरण के रूप में इस्तेमाल करके जीवन को नष्ट कर सकती हैं। यह ऐसी शोषण की रोकथाम के लिए मजबूत कानूनों और सुरक्षा की तत्काल आवश्यकता को उजागर करता है।

सुरक्षा सुझाव

1. अपने सोशल मीडिया अकाउंट को निजी रखें: अपने सोशल मीडिया अकाउंट को निजी रखने से आप यह नियंत्रित कर सकते हैं कि कौन आपके पोस्ट को देख सकता है। इससे आप केवल विश्वसनीय दोस्तों और परिवार के सदस्यों को अपनी सामग्री का उपयोग करने की अनुमति देते हैं, जिससे अज्ञात लोगों द्वारा आपकी फोटो या वीडियो के दुरुपयोग का जोखिम कम हो जाता है। इसके अलावा, अज्ञात लोगों से फ्रेंड रिक्वेस्ट स्वीकार करने में सतर्क रहना और नियमित रूप से अपने फॉलोअर्स की समीक्षा करना आपको एआई के इन दुष्ट दुरुपयोगों का

शिकार बनने से बचा सकता है। यदि आप खुद को असुरक्षित महसूस करते हैं, तो संदिग्ध गतिविधियों की रिपोर्ट करना और विश्वसनीय वयस्कों या अधिकारियों से मदद लेना अत्यंत महत्वपूर्ण है। संक्षेप में, एआई का दुरुपयोग एक बढ़ती हुई चिंता है, लेकिन अपने सोशल मीडिया अकाउंट को निजी बनाकर, आप खुद को एक लक्ष्य बनने के जोखिम को काफी हद तक कम कर सकते हैं।

2. **छोटे कपड़ों में रील्स न बनाएं:** जब आप कंटेंट बनाते हैं, खासकर रील्स, तो एआई उपकरणों से जुड़े सुरक्षा मुद्दों का ध्यान रखना आवश्यक है। एक सामान्य खतरा यह है कि एआई तकनीक वीडियो या फोटो में कपड़े को "हटाने" या बदलने की क्षमता रखती है, विशेष रूप से तब जब लोग छोटे कपड़े पहने होते हैं। इस तरह की तकनीक अक्सर बिना किसी की सहमति के झूठा और अनुचित कंटेंट बनाने के लिए उपयोग की जाती है। उदाहरण के लिए, एक लड़की ने क्रॉप टॉप या छोटे कपड़े में एक रील पोस्ट की, लेकिन किसी ख़राब मानसिकता वाले व्यक्ति ने एआई का उपयोग करके उसके वीडियो को संपादित कर दिया और ऐसा दिखाया जैसे वह वास्तव में बिना कपड़े पहने हुए है। इस संपादित सामग्री का फिर दुरुपयोग किया जा सकता है, जहां व्यक्ति धमकी देता है कि वह झूठी छवियां या वीडियो साझा करेगा जब तक कि पीड़ित पैसे न दे या कुछ ऐसा न करे जो वह नहीं करना चाहती। ऐसे मामलों से बचने के लिए, यह सलाह दी जाती है कि आप छोटे कपड़ों में रील या वीडियो बनाने से बचें, विशेषकर यदि आप उन्हें सार्वजनिक रूप से साझा कर रहे हैं। हालांकि यह अनुचित है कि लोग इस तरह से तकनीक का दुरुपयोग करते हैं, लेकिन जो आप ऑनलाइन साझा करते हैं उस पर सावधानी बरतना इस जोखिम को कम कर सकता है। यह भी महत्वपूर्ण है कि आप सोशल मीडिया प्लेटफॉर्म पर अपनी गोपनीयता सेटिंग्स के बारे में जागरूक रहें, क्योंकि अपनी सामग्री को देखने वालों की संख्या को सीमित करने से सुरक्षा की एक अतिरिक्त परत मिल सकती है।

3. **अत्यधिक टाइट कपड़े में रील्स न बनाएं:** एक महत्वपूर्ण सुरक्षा सुझाव है कि कभी भी अत्यधिक टाइट कपड़े पहनकर रील्स या वीडियो न बनाएं। ऐसा इसलिए है क्योंकि एआई तकनीक ऐसे कंटेंट को अधिक आसानी से संपादित कर सकती है, जिससे गंभीर दुरुपयोग हो सकता है, जैसे झूठी नग्न छवियां बनाना। जब कोई व्यक्ति टाइट कपड़े पहनता है, तो एआई उपकरण शरीर के आरेखों को पहचानने में अधिक सक्षम होते हैं और मूल वीडियो के वास्तविक लेकिन अनुचित

संस्करण उत्पन्न कर सकते हैं। एक वास्तविक जीवन का उदाहरण: एक लड़की, जिसे हम रिया कहते हैं, ने टाइट कपड़ों में एक डांस रील अपलोड की। दुर्भाग्यवश, किसी ने उसके वीडियो को संपादित करने के लिए एआई उपकरण का उपयोग किया, ऐसा दिखाते हुए कि वह बिना कपड़ों के है। इस झूठे वीडियो का फिर उससे ब्लैकमेल करने के लिए उपयोग किया गया, जिसमें अपराधी ने उसे धमकी दी कि यदि उसने उनके आदेशों का पालन नहीं किया, तो वह संपादित वीडियो को सार्वजनिक रूप से साझा करेगा। रिया खुद को फंसा और उल्लंघित महसूस करती थी, जबकि मूल वीडियो पूरी तरह से निर्दोष था। यह स्थिति हमें बताती है कि हमें ऑनलाइन क्या पोस्ट करना है, उस पर ध्यान देना चाहिए। एआई-संचालित उपकरणों का उपयोग दुष्ट व्यक्तियों द्वारा हानिकारक और भ्रामक सामग्री बनाने के लिए किया जा सकता है। वीडियो पोस्ट करते समय विशेष रूप से ऐसे कपड़ों के बारे में विचार करें जो एआई संपादन के लिए सहायक हो सकते हैं। खुद को इस तरह के दुरुपयोग से बचाने के लिए, रील्स में अत्यधिक टाइट कपड़े पहनने से बचें, और यदि कोई व्यक्ति आपके खिलाफ संपादित सामग्री का उपयोग करने का प्रयास करता है, तो तुरंत संदिग्ध गतिविधियों की रिपोर्ट करें।

4. वीडियो बनाते समय डेनिम जैकेट पहनें: जब आप सोशल मीडिया के लिए वीडियो बनाते हैं, विशेष रूप से जब कपड़े हटाने की बात आती है, तो सुरक्षा को सर्वोच्च प्राथमिकता देनी चाहिए। एक महत्वपूर्ण सुझाव है कि डेनिम जैकेट या समान बाहरी पहनावा पहनें, जो एक सुरक्षात्मक परत के रूप में कार्य कर सकता है। डेनिम जैकेट न केवल स्टाइलिश होती हैं, बल्कि वे सुरक्षा भी प्रदान करती हैं। डेनिम जैकेट पहनने से AI सॉफ्टवेयर को आपकी शारीरिक बनावट का सही से पता नहीं लग पाता है जिससे उस वीडियो अथवा फोटो से कपड़े हटाना बहुत मुश्किल हो जाता है।

अंतिम सुरक्षा सुझावों पर चर्चा करते समय, विशेष रूप से उन प्लेटफार्मों पर जो कपड़े हटाने या संवेदनशील सामग्री के साथ जुड़े होते हैं, गोपनीयता और सहमति को महत्व देना महत्वपूर्ण है। सबसे पहले, किसी भी वीडियो या छवि को ऑनलाइन साझा करने से पहले हमेशा दो बार सोचें, भले ही वह हानिकारक न लगें। उदाहरण के लिए, एक युवा महिला, जिसे हम रिया कहते हैं, ने एक लोकप्रिय सोशल मीडिया ऐप पर एक रील साझा की, उसे यह नहीं पता था कि यह रील गलत तरीके से उपयोग की जा सकती है। एक किसी ख़राब मानसिकता वाले व्यक्ति

उसके वीडियो को डाउनलोड कर सकता है, फ्रेम निकाल सकता है, और फिर उसे अस्वीकृत, संपादित संस्करणों में बदल सकता है जो उसे संदेहास्पद स्थितियों में दिखा सकते हैं। इससे ब्लैकमेल का खतरा उत्पन्न हो सकता है, जहां व्यक्ति संपादित छवियों या वीडियो को साझा नहीं करने के लिए पैसे या सेवाओं की मांग करता है। इससे बचने के लिए, यह आवश्यक है कि आप सोशल मीडिया अकाउंट्स पर अपनी गोपनीयता सेटिंग्स को समायोजित करें, यह सुनिश्चित करते हुए कि केवल विश्वसनीय दोस्तों को आपके पोस्ट देखने की अनुमति हो। इसके अलावा, अपनी प्रोफाइल या वीडियो में व्यक्तिगत जानकारी, जैसे स्थान या संपर्क विवरण साझा न करें, जो आपके खिलाफ उपयोग की जा सकती है। हमेशा इस बात के प्रति सतर्क रहें कि आप ऑनलाइन किससे बातचीत कर रहे हैं, क्योंकि सभी के अच्छे इरादे नहीं होते। एआई और ऑनलाइन साझा करने से जुड़े संभावित खतरों के बारे में खुद को और दूसरों को शिक्षित करना ब्लैकमेल या अन्य रूपों के शोषण का शिकार बनने की संभावना को काफी कम कर सकता है।

7

तीसरे पक्ष के व्हाट्सएप / इंस्टाग्राम का उपयोग करने के जोखिम

आज के डिजिटल युग में, लोग अपनी संदेश सेवा अनुभव को बढ़ाने के लिए अक्सर तीसरे पक्ष के अनुप्रयोगों की ओर रुख करते हैं। लेकिन, यह जानना महत्वपूर्ण है कि ऐसे अनुप्रयोगों का उपयोग करना, जैसे व्हाट्सएप या इंस्टाग्राम, कई प्रकार के गंभीर जोखिमों को जन्म देता है, खासकर गोपनीयता और सुरक्षा के संदर्भ में।

तीसरे पक्ष के ये अनुप्रयोग आमतौर पर आधिकारिक अनुप्रयोगों के समान मजबूत सुरक्षा उपायों की कमी रखते हैं, जिससे उपयोगकर्ता डेटा उल्लंघनों और अनधिकृत पहुंच के प्रति अधिक संवेदनशील हो जाते हैं। उदाहरण के लिए, अगर कोई लड़की अनधिकृत व्हाट्सएप संस्करण का उपयोग करती है, तो वह अनजाने में अपने व्यक्तिगत डेटा, जैसे फोन नंबर, तस्वीरें, और संदेश, साइबर अपराधियों के सामने उजागर कर सकती है। एक वास्तविक जीवन के उदाहरण में, एक युवा महिला ने ऑनलाइन किसी से मुलाकात की और एक तीसरे पक्ष के ऐप के माध्यम से अपनी तस्वीरें साझा कीं। बाद में, उस व्यक्ति ने उन तस्वीरों का उपयोग करके उसे ब्लैकमेल किया, यह धमकी देते हुए कि यदि वह पैसे नहीं देती, तो वह उन तस्वीरों को उसके दोस्तों और परिवार के साथ साझा करेगा। यह स्थिति इस बात की स्पष्टता प्रदान करती है कि कैसे अनधिकृत अनुप्रयोगों का उपयोग

गंभीर परिणामों का कारण बन सकता है, जिसमें उत्पीड़न और भावनात्मक तनाव शामिल हैं।

इन जोखिमों का विस्तार मैलवेयर संक्रमण तक भी होता है, जहां दुर्भावनापूर्ण सॉफ़्टवेयर संवेदनशील डेटा चुराने या उपयोगकर्ता के उपकरण को हैक करने की क्षमता रखता है, जो संभावित शोषण की संभावनाओं को और बढ़ा देता है। इसलिए, उपयोगकर्ताओं के लिए यह अत्यंत आवश्यक है कि वे आधिकारिक अनुप्रयोगों का उपयोग करें और कम सुरक्षित चैनलों के माध्यम से व्यक्तिगत जानकारी साझा करने के खतरों के प्रति सतर्क रहें।

कई उपयोगकर्ता आकर्षक फीचर्स के कारण इन अनधिकृत अनुप्रयोगों की ओर आकर्षित होते हैं, जैसे कि अंतिम बार देखे जाने की स्थिति छिपाना या किसी के स्टेटस को उनके बिना जाने देखना। जबकि ये अतिरिक्त सुविधाएँ आकर्षक हो सकती हैं, लेकिन ये डेटा गोपनीयता के संबंध में महत्वपूर्ण जोखिम भी लाती हैं। उदाहरण के लिए, रिया नाम की एक लड़की ने छिपी हुई विशेषताओं तक पहुँचने के लिए एक तीसरे पक्ष के संदेश अनुप्रयोग को डाउनलोड किया। दुर्भाग्यवश, इस ऐप ने उसकी व्यक्तिगत जानकारी इकट्ठा की और उसे विपणक को बेच दिया। इससे उसे अनचाहे विज्ञापन मिले, लेकिन स्थिति तब और बढ़ गई जब किसी ने उस डेटा का उपयोग करके उसकी ऑनलाइन गतिविधियों का पता लगाया। इस व्यक्ति ने फिर उसे निजी जानकारी का खुलासा करने की धमकी दी, जिससे रिया को अत्यधिक तनाव और डर का सामना करना पड़ा।

इस वास्तविक जीवन के उदाहरण से यह स्पष्ट होता है कि अनधिकृत तीसरे पक्ष के अनुप्रयोगों का उपयोग आपकी सुरक्षा को कैसे कमजोर कर सकता है और खतरनाक परिस्थितियों का कारण बन सकता है, जैसे कि ब्लैकमेल। यह समझना अत्यंत आवश्यक है कि जबकि ये ऐप्स सुविधाजनक लग सकते हैं, आपके व्यक्तिगत डेटा से समझौता करने के संभावित परिणाम गंभीर हो सकते हैं। हमेशा अपनी गोपनीयता को प्राथमिकता दें और अपनी जानकारी और भलाई की सुरक्षा के लिए केवल आधिकारिक अनुप्रयोगों का उपयोग करने पर विचार करें।

सुरक्षा टिप

ऑनलाइन सुरक्षित रहने के लिए एक महत्वपूर्ण सुझाव यह है कि हमेशा आधिकारिक WhatsApp और Instagram ऐप्स का ही उपयोग करें, जिन्हें आप

सीधे Google Play Store या Apple App Store से डाउनलोड करते हैं। ये आधिकारिक ऐप्स सुरक्षा विशेषताओं के साथ डिज़ाइन किए गए हैं, जो आपकी व्यक्तिगत जानकारी और संदेशों की रक्षा करते हैं।

उदाहरण के लिए, यदि कोई व्यक्ति WhatsApp या Instagram का नकली संस्करण बनाता है और आप अनजाने में उसे डाउनलोड कर लेते हैं, तो उस ऐप में समान सुरक्षा उपाय नहीं हो सकते। यह संभावित रूप से हैकर्स को आपके निजी संदेशों या यहां तक कि आपकी व्यक्तिगत जानकारी तक पहुँचने की अनुमति दे सकता है।

एक वास्तविक जीवन का उदाहरण जो आधिकारिक ऐप्स का उपयोग करने के महत्व को उजागर करता है, वह एक युवा महिला का मामला है, जिसे एक नकली ऐप का अनजाने में उपयोग करने के बाद ब्लैकमेल किया गया। उसने सोचा कि वह एक दोस्त के साथ बातचीत कर रही है, लेकिन नकली ऐप ने उसकी निजी बातचीत और तस्वीरों को कैद कर लिया। फिर उस नकली ऐप के पीछे वाले व्यक्ति ने उसे धमकी दी कि अगर उसने उन्हें पैसे नहीं भेजे, तो वह उसकी निजी जानकारी साझा कर देगा। यह स्थिति तब टल सकती थी अगर उसने केवल WhatsApp और Instagram के आधिकारिक संस्करणों का ही उपयोग किया होता, जिससे उसकी व्यक्तिगत जानकारी दुर्भावनापूर्ण व्यक्तियों से सुरक्षित रहती। इसलिए, आधिकारिक ऐप स्टोर्स में उपलब्ध ऐप्स का उपयोग करके, आप अपने आप को ऐसे समान परिस्थितियों से सुरक्षित रख सकते हैं और यह सुनिश्चित कर सकते हैं कि आपकी ऑनलाइन संचार सुरक्षित रहे।

8

डीपफेक वीडियो

डीपफेक वीडियो एक ऐसी तकनीक है, जो आर्टिफिशियल इंटेलिजेंस का उपयोग करके वास्तविकता जैसी दिखने वाली नकली वीडियो बनाती है, जिसमें किसी व्यक्ति का चेहरा या उसकी आवाज़ और क्रियाएँ बदल दी जाती हैं। यह तकनीक गहन सीखने वाले एल्गोरिदम पर निर्भर करती है, जो लक्षित व्यक्ति की विशेषताओं का विश्लेषण और अनुकरण करती है, जिससे ऐसा संभव होता है कि यथार्थ जैसी दिखने वाली क्लिप तैयार की जा सकें।

कल्पना कीजिए कि किसी व्यक्ति ने एक लड़की का बिना उसकी अनुमति के डीपफेक वीडियो बनाया, जिसमें उसे अनुचित व्यवहार करते हुए दिखाया गया है। इस परिवर्तित वीडियो का उपयोग फिर ब्लैकमेल के लिए किया जा सकता है, जहां अपराधी धमकी देता है कि वह फुटेज को साझा करेगा, जब तक लड़की उनकी मांगों का पालन नहीं करती, जैसे पैसे भेजना या हानिकारक गतिविधियों में शामिल होना। इस प्रकार की तकनीक का दुरुपयोग न केवल पीड़ित की गोपनीयता का उल्लंघन करता है, बल्कि इससे गहरे भावनात्मक आघात, प्रतिष्ठा को नुकसान, और अपराधी के लिए गंभीर कानूनी परिणाम भी हो सकते हैं। जैसे-जैसे डीपफेक तकनीक अधिक सुलभ होती जा रही है, यह महत्वपूर्ण नैतिक प्रश्न उठाती है और इसके वास्तविक जीवन में संभावित हानि को समझने और मुकाबला करने की आवश्यकता को उजागर करती है।

डीपफेक तकनीक व्यक्तिगत गोपनीयता और सुरक्षा के लिए एक महत्वपूर्ण जोखिम उत्पन्न करती है, खासकर जब यह नकली यौन वीडियो बनाने की बात

आती है। किसी की एक तस्वीर और कुछ उन्नत सॉफ़्टवेयर की मदद से, कोई भी एक अत्यधिक यथार्थवादी वीडियो तैयार कर सकता है, जिसमें दिखाया गया हो कि वह व्यक्ति यौन क्रियाकलापों में लिप्त है, भले ही उसने ऐसा कभी नहीं किया हो। यह तकनीक आर्टिफिशियल इंटेलिजेंस का उपयोग करके व्यक्ति की चेहरे की विशेषताओं विश्लेषण करती है, फिर उन विशेषताओं को एक अलग वीडियो में मिलाती है, जिससे इसे वास्तविक दिखाया जा सके। यह खतरा विशेष रूप से महिलाओं के लिए चिंता का विषय है, जो बदनामी या उत्पीड़न जैसे दुष्ट उद्देश्यों के लिए लक्षित की जा सकती हैं।

एक वास्तविक जीवन का मामला एक युवा लड़की जिसका नाम निशा है, जो प्रतिशोध की भावना से पीड़ित हुई। एक पूर्व प्रेमी महेंद्र ने उसकी तस्वीरों का उपयोग करके एक डीपफेक वीडियो बनाया, जिसमें उसे आपत्तिजनक स्थितियों में दिखाया गया। उसने फिर वीडियो को उसके परिवार और दोस्तों के साथ साझा करने की धमकी दी, जब तक वह उसकी मांगों का पालन नहीं करती। यह स्थिति न केवल पीड़ित के लिए अपार भावनात्मक तनाव का कारण बनी, बल्कि यह भी दर्शाती है कि कोई कितनी आसानी से इस तकनीक का उपयोग करके दूसरों को नुकसान पहुंचा सकता है। जैसे-जैसे डीपफेक उपकरण अधिक सुलभ होते जा रहे हैं, दुरुपयोग की संभावनाएं बढ़ती जा रही हैं, जिससे समाज के लिए इन जोखिमों को समझना और इस उभरते खतरे का मुकाबला करने के लिए समाधान पर काम करना आवश्यक हो गया है।

डीपफेक तकनीक, विशेष रूप से सोशल मीडिया के संदर्भ में महत्वपूर्ण जोखिम उत्पन्न करती है, जहां कई युवा महिलाएँ सक्रिय रूप से अपनी तस्वीरें और वीडियो साझा करती हैं। डीपफेक, एआई-जनित हेरफेर होते हैं, जो यह दिखा सकते हैं कि कोई व्यक्ति ऐसी बातें कह रहा है या कर रहा है जो उसने कभी नहीं की। यह तकनीक गहन सीखने वाले एल्गोरिदम का उपयोग करके व्यक्ति के चेहरे के भाव और आवाज का विश्लेषण करती है, जिससे अत्यधिक यथार्थवादी नकली सामग्री उत्पन्न करना संभव होता है।

उदाहरण के लिए, कल्पना कीजिए कि किसी ख़राब मानसिकता वाले व्यक्ति डीपफेक तकनीक का उपयोग करके एक वीडियो बनाता है, जिसमें एक लड़की अनुचित बातें कह रही है या यौन गतिविधियों में लिप्त है। यह वीडियो ऑनलाइन

प्रसारित किया जा सकता है, जिससे पीड़ित के लिए गंभीर भावनात्मक तनाव और प्रतिष्ठा को नुकसान हो सकता है। एक वास्तविक जीवन का मामला इस प्रकार था, जहां एक युवा महिला को डीपफेक ब्लैकमेल का शिकार होना पड़ा, जब किसी ने उसकी छवि का उपयोग करके एक नकली यौन वीडियो बनाया। अपराधी ने धमकी दी कि यदि उसने पैसे नहीं दिए, तो वह इस नकली सामग्री को सार्वजनिक कर देगा, जिससे उसे मानसिक आघात पहुंचा और इसने सहमति और ऐसे हेरफेर किए गए मीडिया की प्रामाणिकता साबित करने की चुनौतियों के बारे में सवाल उठाए।

जैसे-जैसे डीपफेक तकनीक अधिक सुलभ होती जा रही है, यह व्यक्तिगत रूप से इन जोखिमों को समझना महत्वपूर्ण होता जा रहा है, और प्लेटफार्मों को ऑनलाइन छवियों और वीडियो के दुरुपयोग के खिलाफ बेहतर सुरक्षा उपाय लागू करने की आवश्यकता है।

सुरक्षा टिप्सः

1. अपने परिवार को डीपफेक के काम करने के तरीके के बारे में जागरूक करें: यह जानना कि डीपफेक कैसे काम करता है, आपके परिवार की सुरक्षा के लिए अत्यंत महत्वपूर्ण है, क्योंकि ये वीडियो दुष्ट इरादे से उपयोग किए जा सकते हैं। उदाहरण के लिए, रिया नाम की एक लड़की एक परेशानी भरी स्थिति में फंस गई जब किसी ने उसका डीपफेक वीडियो बनाया, जिससे ऐसा लगा जैसे वह अवैध गतिविधियों में शामिल है। यह वीडियो उसके स्कूल और दोस्तों को भेजा गया, जिससे उसकी भावनात्मक स्थिति पर गंभीर असर पड़ा और उसकी प्रतिष्ठा को नुकसान पहुंचा। अपने और अपने प्रियजनों की रक्षा के लिए, सबसे पहले उन्हें डीपफेक के बारे में समझाएं: यह बताएं कि ये वीडियो किसी व्यक्ति के मौजूदा फुटेज को लेकर मशीन लर्निंग एल्गोरिदम का उपयोग करके उनकी छवि और आवाज़ को परिवर्तित करके बनाए जाते हैं। परिवार के सदस्यों को किसी भी वीडियो के स्रोत को सत्यापित करने के लिए प्रोत्साहित करें, इससे पहले कि वे उस पर विश्वास करें या उसे साझा करें। उन्हें याद दिलाएं कि उन्हें अपने व्यक्तिगत वीडियो और छवियों के साथ सतर्क रहना चाहिए, क्योंकि इनका उपयोग डीपफेक बनाने के लिए किया जा सकता है। यह भी महत्वपूर्ण है कि बातचीत को खुला रखें;

यदि किसी को संदेहास्पद वीडियो मिलता है, तो उसे आपके साथ इस बारे में चर्चा करने में सहज महसूस करना चाहिए। अंततः, डीपफेक का पता लगाने के लिए डिज़ाइन किए गए उपकरणों का उपयोग करने पर विचार करें, जो अब अधिक उपलब्ध हैं, ताकि वीडियो की प्रामाणिकता का आकलन किया जा सके। इस तकनीक और इसके प्रभावों के प्रति जागरूक होना आपके परिवार को संभावित खतरों को पहचानने और उचित प्रतिक्रिया देने में सक्षम बना सकता है।

2. **डीपफेक वीडियो को पहचानने के तरीके के बारे में खुद को और दूसरों को शिक्षित करें:** अपने आप और दूसरों को ऐसे ठगी का शिकार बनने से बचाने के लिए, डीपफेक के संकेतों के बारे में जानना महत्वपूर्ण है। असामान्य चेहरे की हरकतें या गलत लिप-सिंकिंग पर ध्यान दें, क्योंकि ये चेतावनी के संकेत हो सकते हैं। कभी-कभी, व्यक्ति के चेहरे पर प्रकाश और पृष्ठभूमि का मेल नहीं हो सकता है, या उनके भाव अप्राकृतिक दिख सकते हैं। यह भी समझदारी है कि किसी भी वीडियो के स्रोत की पुष्टि करें इससे पहले कि आप उस पर विश्वास करें या उसे साझा करें। विश्वसनीय समाचार स्रोतों या सोशल मीडिया प्रोफाइल के साथ क्रॉस-चेक करें कि क्या वीडियो को फर्जी बताया गया है। इन सुझावों पर अपने दोस्तों और परिवार के साथ चर्चा करें ताकि जागरूकता बढ़ सके, और उन्हें प्रोत्साहित करें कि वे ऑनलाइन देखे गए वीडियो के बारे में गंभीरता से सोचें। ज्ञान साझा करके और सूचित रहकर, हम इस तकनीक के दुरुपयोग को रोकने में मदद कर सकते हैं और खुद को और अपने प्रियजनों को डीपफेक वीडियो के संभावित नुकसान से बचा सकते हैं।

3. **सोशल मीडिया पर अपने पोस्ट की संख्या कम करें:** डीपफेक वीडियो तेजी से यथार्थवादी होते जा रहे हैं और इनका उपयोग व्यक्तियों को हानि पहुँचाने या हेरफेर करने के लिए किया जा सकता है, विशेष रूप से सोशल मीडिया के माध्यम से। सुरक्षित रहने के लिए, यह महत्वपूर्ण है कि आप ऑनलाइन अपनी व्यक्तिगत पोस्ट की संख्या को कम करें। इसका मतलब है कि आप जो साझा करते हैं, उस पर ध्यान दें—फोटो, वीडियो और यहां तक कि आपका स्थान भी। उदाहरण के लिए, कल्पना करें कि एक युवा महिला ने एक पार्टी का वीडियो पोस्ट किया। यदि किसी ने उस वीडियो का उपयोग करके एक डीपफेक बनाया, जिससे ऐसा दिखता है कि वह कुछ अनुचित कर रही है, तो इसके गंभीर परिणाम हो सकते हैं, जैसे कि ब्लैकमेलिंग या उसकी प्रतिष्ठा को नुकसान। व्यक्तिगत पोस्ट को सीमित करके,

आप उन सामग्रियों की मात्रा को कम करते हैं जो डीपफेक बनाने के लिए दुरुपयोग की जा सकती हैं। इसके अतिरिक्त, अपनी गोपनीयता सेटिंग्स को समायोजित करने पर विचार करें ताकि केवल विश्वसनीय दोस्त ही आपकी पोस्ट देख सकें। हमेशा ऑनलाइन कुछ साझा करने से पहले दो बार सोचें, और याद रखें कि एक बार जब यह बाहर आ जाता है, तो आप नियंत्रित नहीं कर सकते कि इसका कैसे उपयोग किया जाएगा। अपने ऑनलाइन उपस्थिति के प्रति जागरूक और सतर्क रहना आपको डीपफेक तकनीक का शिकार बनने के खतरे को काफी कम कर सकता है।

4. अपनी पासपोर्ट साइज फोटो न डालें: डीपफेक वीडियो कृत्रिम बुद्धिमत्ता का उपयोग करके लोगों के यथार्थवादी दिखने वाले लेकिन फर्जी वीडियो बनाने के लिए किया जाता है, जिससे किसी को दूसरे व्यक्ति का हेरफेर करना या उसकी नकल करना आसान हो जाता है। एक महत्वपूर्ण सुरक्षा टिप यह है कि आपको अपनी पासपोर्ट साइज फोटो को ऑनलाइन साझा करने से बचना चाहिए, क्योंकि इसका उपयोग आपके जैसा दिखने वाले डीपफेक बनाने के लिए किया जा सकता है। उदाहरण के लिए, कल्पना करें कि एक लड़की सोशल मीडिया पर अपनी पासपोर्ट फोटो साझा करती है। एक किसी ख़राब मानसिकता वाले व्यक्ति उस छवि का उपयोग करके एक डीपफेक वीडियो बना सकता है जिसमें उसे कुछ शर्मनाक या अवैध करते हुए दिखाया गया है। वे फिर उसे यह वीडियो रिलीज़ करने की धमकी देकर ब्लैकमेल कर सकते हैं, जब तक कि वह उन्हें पैसे या व्यक्तिगत जानकारी न दे। यह स्थिति दर्शाती है कि कैसे व्यक्तिगत छवियों का डिजिटल युग में दुरुपयोग किया जा सकता है। संवेदनशील फोटो जैसे पासपोर्ट चित्र साझा न करके, आप ऐसे हमलों का शिकार बनने के जोखिम को कम करते हैं। हमेशा याद रखें कि एक बार जब आप कुछ ऑनलाइन पोस्ट करते हैं, तो आप इस पर नियंत्रण खो देते हैं कि इसका कैसे उपयोग किया जाएगा, इसलिए यह महत्वपूर्ण है कि आप उस पर विचार करें जो आप साझा करते हैं।

5. अपनी आंखों पर धूप का चश्मा भी पहन सकते हैं: अपने आप की सुरक्षा के लिए, विशेष रूप से जब आपकी ऑनलाइन उपस्थिति की बात आती है, तो अपने वीडियो में धूप का चश्मा पहनने पर विचार करें। धूप का चश्मा पहनने से डीपफेक तकनीक द्वारा उपयोग की जाने वाली चेहरे की पहचान एल्गोरिदम को चक्मा देने में मदद मिल सकती है, जिससे इन सिस्टम्मों के लिए आपके

विशेषताओं को सटीक रूप से मैप करना कठिन हो जाता है। उदाहरण के लिए, एक मामले में, एक लड़की को एक डीपफेक वीडियो के साथ ब्लैकमेल किया गया, जो उसे अश्लील स्थितियों में गलत तरीके से दर्शाता था। अपराधियों ने सार्वजनिक रूप से उपलब्ध छवियों और वीडियो का उपयोग करके एक ऐसा वीडियो बनाया जो विश्वसनीय लग रहा था। उसकी स्थिति में, अगर उसने अपने वीडियो में नियमित रूप से विशिष्ट धूप का चश्मा पहना होता, तो यह डीपफेक को इतना यथार्थवादी बनने से रोक सकता था, क्योंकि धूप का चश्मा दृश्य शोर उत्पन्न करता है जिसे एल्गोरिदम सही तरीके से समझने में कठिनाई महसूस करते हैं। अपनी सुरक्षा को और बढ़ाने के लिए, अपने ऑनलाइन साझा की गई व्यक्तिगत सामग्री की मात्रा को सीमित करें, नियमित रूप से अपनी डिजिटल उपस्थिति की निगरानी करें, और सोशल मीडिया प्लेटफार्मों पर गोपनीयता सेटिंग्स का उपयोग करने पर विचार करें। इन सुरक्षा टिप्स के प्रति सक्रिय और जागरूक रहकर, आप डीपफेक तकनीक का शिकार बनने की संभावनाओं को कम कर सकते हैं और इसके संभावित हानियों से बच सकते हैं।

6. अपनी उच्च गुणवत्ता वाली तस्वीरें न डालें : एक महत्वपूर्ण सुरक्षा टिप यह है कि अपनी उच्च गुणवत्ता वाली तस्वीरें ऑनलाइन साझा न करें। जब आप इन चित्रों को साझा करते हैं, विशेष रूप से वे जो आपके चेहरे या अन्य पहचानने योग्य विशेषताओं को स्पष्ट रूप से दिखाते हैं, तो आप संभावित धोखेबाज़ों को उच्च-रिज़ॉल्यूशन डेटा प्रदान करते हैं जिसकी उन्हें विश्वसनीय डीपफेक बनाने के लिए आवश्यकता होती है। उदाहरण के लिए, एक युवती, रिया, ने सोशल मीडिया पर अपने दैनिक जीवन की कई तस्वीरें साझा कीं। किसी ख़राब मानसिकता वाले व्यक्ति इन उच्च गुणवत्ता वाली छवियों का उपयोग करके एक डीपफेक वीडियो बना सकता है, जिससे यह प्रतीत होता है कि रिया यौन गतिविधियों में संलग्न है। यह तैयार किया गया वीडियो उसके खिलाफ धमकी के लिए उपयोग किया जा सकता है, जिसमें पैसे या अन्य सुविधाओं की मांग की जाती है ताकि इसे सार्वजनिक होने से रोका जा सके। उच्च गुणवत्ता वाली छवियाँ न डालकर, आप ऐसे दुष्ट कृत्यों का शिकार बनने की संभावनाओं को कम कर देते हैं, क्योंकि कम गुणवत्ता या कम पहचानने योग्य तस्वीरें प्रभावी ढंग से हेरफेर करना कठिन होती हैं। इसलिए, ऑनलाइन साझा की जाने वाली छवियों के प्रकार के प्रति सचेत रहना आवश्यक है ताकि आप अपनी गोपनीयता और सुरक्षा की रक्षा कर सकें, इस युग में जहां डीपफेक तकनीक आसानी से उपलब्ध है।

7. **ऐसे फोटो न डालें जहाँ आपका चेहरा 90 डिग्री कोण पर हो :** एक और महत्वपूर्ण सुरक्षा टिप यह है कि ऐसे फोटो साझा न करें जहाँ आपका चेहरा 90 डिग्री कोण पर हो। इसका अर्थ है कि ऐसी तस्वीरें न लें जहाँ आपका सिर सीधे तस्वीर में हो। जब आपका चेहरा इस स्थिति में होता है, तो किसी के लिए आपकी छवि को डीपफेक उपकरणों का उपयोग करके हेरफेर करना आसान हो सकता है। उदाहरण के लिए, एक लड़की जिसका नाम रिया है, ने अपने सिर को आगे की ओर मोड़कर अपनी एक फोटो साझा की। किसी ने उस फोटो को पाया और इसका उपयोग एक नकली वीडियो बनाने के लिए किया, जिससे ऐसा लग रहा था कि वह अनुपयुक्त बातें कह रही है। ब्लैकमेलर ने फिर उसे पैसे न भेजने पर वीडियो को उसके दोस्तों और परिवार के साथ साझा करने की धमकी दी। यह स्थिति दिखाती है कि कैसे साधारण तस्वीरें भी दुरुपयोग की जा सकती हैं। अपनी सुरक्षा के लिए, हमेशा उन तस्वीरों के प्रति सचेत रहें जो आप ऑनलाइन साझा करते हैं। ऐसी तस्वीरों को चुनें जहाँ आपका चेहरा थोड़े तरफ है, जिससे किसी के लिए आपके खिलाफ हानिकारक डीपफेक बनाना कठिन हो जाए।

8. **हमेशा अपना खाता निजी रखें :** डीपफेक से जुड़े जोखिमों से खुद को बचाने के लिए, अपने ऑनलाइन खातों को निजी रखना बहुत महत्वपूर्ण है। इसका अर्थ है कि अपने सोशल मीडिया सेटिंग्स को इस तरह समायोजित करें कि केवल विश्वसनीय दोस्तों को आपके पोस्ट और चित्र दिखाई दें। उदाहरण के लिए, एक युवती रिया ने एक करीबी दोस्त के साथ व्यक्तिगत वीडियो साझा किए। दुर्भाग्यवश, उस दोस्त ने डीपफेक तकनीक का उपयोग करके नकली वीडियो बनाया, जिसे फिर ऑनलाइन साझा किया गया। इस वीडियो ने रिया के लिए गंभीर मानसिक तनाव का कारण बना और इसके निर्माता से ब्लैकमेल के प्रयास किए गए। ऐसी परिस्थितियों से बचने के लिए, हमेशा उस जानकारी और सामग्री के बारे में सोचें जो आप ऑनलाइन साझा करते हैं। नियमित रूप से अपनी गोपनीयता सेटिंग्स की समीक्षा करें, और केवल उन लोगों से मित्रता का अनुरोध स्वीकार करें जिन्हें आप जानते हैं। याद रखें, एक बार जब कुछ ऑनलाइन हो जाता है, तो उसे वापस लेना कठिन हो सकता है। अपने खातों को निजी रखकर, आप अपने चित्रों या वीडियो का दुरुपयोग करके डीपफेक बनाने के जोखिम को काफी कम कर देते हैं, इस प्रकार अपनी व्यक्तिगत सुरक्षा रक्षा करते हैं।

9. ऑनलाइन देखी गई हर चीज़ पर भरोसा न करें : डीपफेक तकनीक तेजी से विकसित हो गई है, जिससे व्यक्तियों को बेहद यथार्थवादी वीडियो बनाने की अनुमति मिलती है, जिससे ऐसा प्रतीत होता है कि कोई कुछ कह रहा है या कर रहा है जो उन्होंने वास्तव में नहीं किया। यह सुरक्षा चिंताओं को जन्म देता है, विशेषकर ब्लैकमेल के मामलों में। उदाहरण के लिए, कल्पना करें कि एक लड़की का चेहरा एक वीडियो पर डिजिटल रूप से बदल दिया गया है जो उसे यौन स्थिति में दर्शाता है, हालाँकि उसका उसमें कोई संबंध नहीं था। डीपफेक के पीछे का व्यक्ति फिर उसे इस झूठे वीडियो को साझा करने की धमकी दे सकता है जब तक कि वह पैसे न दे या अन्य मांगों का पालन न करे। ऐसे हेरफेर से खुद को बचाने के लिए, सतर्क रहना अत्यंत महत्वपूर्ण है। हमेशा वीडियो की प्रामाणिकता पर सवाल करें, विशेषकर वे जो चौंकाने वाले या सच से ज्यादा अच्छे लगते हैं। संदिग्ध सामग्री के स्रोत को सत्यापित करने के लिए रिवर्स इमेज सर्च या डीपफेक डिटेक्शन उपकरणों का उपयोग करें। इसके अतिरिक्त, आप जो कुछ भी ऑनलाइन साझा करते हैं, उसके प्रति सचेत रहें; व्यक्तिगत जानकारी को सीमित करने से किसी के लिए आपके खिलाफ उपयोग करने की संभावनाएँ कम हो जाती हैं।

10. अपने या अपने परिवार के फ़ोटो असुरक्षित सोशल मीडिया पर न डालें : अपने और अपने परिवार की सुरक्षा के लिए, असुरक्षित सोशल मीडिया पर व्यक्तिगत फ़ोटो डालना बंद करना अत्यंत आवश्यक है। जब आप ऑनलाइन छवियाँ साझा करते हैं, तो वे किसी के लिए भी आसानी से सुलभ हो सकती हैं, जिसमें संभावित साइबर अपराधी भी शामिल हैं, जो उनका उपयोग डीपफेक वीडियो बनाने के लिए कर सकते हैं। उदाहरण के लिए, एक वास्तविक मामले पर विचार करें जहाँ एक युवती ने एक सोशल मीडिया प्लेटफ़ॉर्म पर अपनी तस्वीरें साझा कीं। बाद में, किसी ने इन छवियों का दुरुपयोग करके एक डीपफेक वीडियो बनाया जो उसे अनुपयुक्त स्थितियों में दिखाता था। इस वीडियो का उपयोग उसे ब्लैकमेल करने के लिए किया गया, जिसमें उसके दोस्तों और परिवार के साथ साझा करने की धमकी दी गई जब तक कि वह पैसे न दे। यह स्थिति दिखाती है कि व्यक्तिगत छवियाँ साझा करना विनाशकारी परिणामों का कारण बन सकता है। ऐसे जोखिमों से बचने के लिए, आपको ऑनलाइन साझा की जाने वाली जानकारी को सीमित करना चाहिए, यह सुनिश्चित करने के लिए कि आपके पोस्ट कौन देखता है, इसके लिए गोपनीयता सेटिंग्स का उपयोग करें, और कोई भी फोटो

अपलोड करने से पहले दो बार सोचें। अपनी व्यक्तिगत ज़िंदगी को निजी रखना, डीपफेक तकनीक और अन्य ऑनलाइन खतरों से बचने के लिए एक महत्वपूर्ण कदम है।

11. **अपने परिवार और दोस्तों से सोशल मीडिया पर छवियाँ पोस्ट करने के जोखिमों के बारे में बात करें:** सोशल मीडिया पर छवियाँ साझा करने के जोखिमों से बचने के लिए, यह महत्वपूर्ण है कि हम अपने परिवार और दोस्तों के साथ इस बात पर चर्चा करें कि उन्हें क्या साझा करना चाहिए। उन्हें प्रोत्साहित करें कि वे किसी भी छवि या वीडियो को साझा करने से पहले दो बार सोचें, अपनी गोपनीयता सेटिंग्स का उपयोग करें ताकि यह सुनिश्चित किया जा सके कि उनके पोस्ट कौन देख सकता है, और किसी भी संदिग्ध सामग्री की रिपोर्ट करें। डीपफेक्स और ऑनलाइन उत्पीड़न के संभावित खतरों के बारे में जागरूकता बढ़ाने से हर किसी को डिजिटल दुनिया में सुरक्षित रहने में मदद मिल सकती है।

12. **अपने दोस्तों की तस्वीरें अपनी स्टोरी पर बिना उनकी अनुमति के पोस्ट न करें:** यदि आप किसी मित्र की तस्वीर उस संदर्भ में पोस्ट करते हैं जिस पर उनकी सहमति नहीं है, तो कोई उस छवि को लेकर एक डीपफेक वीडियो बना सकता है। यह वीडियो आपके मित्र को एक संवेदनशील स्थिति में गलत तरीके से प्रस्तुत कर सकता है, जिससे गंभीर परिणाम हो सकते हैं जैसे कि ब्लैकमेल या उत्पीड़न। एक वास्तविक जीवन का उदाहरण एक लड़की का है जिसकी छवि उसकी अनुमति के बिना डीपफेक वीडियो में इस्तेमाल की गई थी। इस स्थिति में, किसी ने उसकी सोशल मीडिया की तस्वीरों को लिया और उन्हें स्पष्ट सामग्री के साथ मिलाकर एक नकली वीडियो बनाया। फिर इस वीडियो को दूसरों के साथ साझा किया गया, जिससे उसकी प्रतिष्ठा को नुकसान पहुँचाने और गंभीर भावनात्मक तनाव का खतरा था। यह घटना यह स्पष्ट करती है कि अपने दोस्तों की तस्वीरें पोस्ट करने से पहले अनुमति लेना कितना महत्वपूर्ण है। हमेशा याद रखें कि जो कुछ आप ऑनलाइन साझा करते हैं, उसे संशोधित किया जा सकता है और किसी अन्य के खिलाफ इस्तेमाल किया जा सकता है। पहले अनुमति मांगने से, आप न केवल अपने दोस्तों की गोपनीयता का सम्मान करते हैं बल्कि उन्हें डिजिटल दुनिया में उनके चित्रों के दुरुपयोग से संभावित नुकसान से भी बचाते हैं।

13. एआई आधारित फेस और ब्यूटी एन्हांस ऐप्स का उपयोग न करें: डीपफेक वीडियो के मामले में, सुरक्षा एक महत्वपूर्ण चिंता का विषय है, विशेष रूप से उन व्यक्तियों के लिए जो शोषण के प्रति संवेदनशील हो सकते हैं। एक महत्वपूर्ण सलाह है कि एआई-आधारित चेहरे की सुंदरता बढ़ाने वाले ऐप्स का उपयोग न करें। ये एप्लिकेशन अक्सर जटिल एल्गोरिदम का उपयोग करते हैं जो चेहरे की विशेषताओं को बदल सकते हैं, त्वचा को चिकना कर सकते हैं, और यहां तक कि भावनाओं को भी बदल सकते हैं, उपयोगकर्ता का एक अधिक आकर्षक संस्करण बनाने के लिए। हालांकि, इस तकनीक का दुरुपयोग करके डीपफेक वीडियो बनाए जा सकते हैं, जहाँ किसी के चेहरे को वास्तविकता के रूप में दिखाते हुए दूसरे के साथ बदल दिया जाता है।

इन जोखिमों से बचने के लिए, यह आवश्यक है कि आप ऑनलाइन साझा की जाने वाली सामग्री के प्रति सतर्क रहें और नियमित रूप से अपने डिजिटल फुटप्रिंट की निगरानी करें। हमेशा वीडियो की प्रामाणिकता की पुष्टि करें, उन्हें मानने या साझा करने से पहले, और किसी भी संदिग्ध सामग्री की तुरंत रिपोर्ट करें। इसके अलावा, डीपफेक तकनीक के बारे में जागरूक होना लोगों को हेरफेर के संकेतों को पहचानने में मदद कर सकता है, जैसे अस्वाभाविक चेहरे के मूवमेंट या असंगत प्रकाश व्यवस्था। सूचित और सतर्क रहकर, आप डीपफेक से संबंधित अपराधों का शिकार बनने की संभावनाओं को कम कर सकते हैं।

9

साइबर अपराध के बाद आपको क्या करना चाहिए

1. **साइबर सेल से बात करें:** यदि आप भारत में साइबर अपराध का शिकार हुए हैं, तो अपनी सुरक्षा सुनिश्चित करने और न्याय प्राप्त करने के लिए तुरंत कार्रवाई करना महत्वपूर्ण है। पहला कदम है आधिकारिक वेबसाइट www.cybercrime.gov.in पर शिकायत दर्ज कराना, या सहायता के लिए राष्ट्रीय हेल्पलाइन नंबर 1930 पर कॉल करना। उदाहरण के लिए, एक युवा लड़की जो ऑनलाइन ब्लैकमेल का शिकार हो रही है, उसे अपने व्यक्तिगत फोटो के बारे में धमकी दी जा रही है। ब्लैकमेलर उसे पैसे देने या अधिक संवेदनशील सामग्री प्रदान करने की धमकी दे रहा है। ऐसी स्थिति में, उसे ब्लैकमेलर के साथ संवाद नहीं करना चाहिए, क्योंकि जवाब देने से स्थिति और बिगड़ सकती है। इसके बजाय, उसे बातचीत के स्क्रीनशॉट लेकर सबूत इकट्ठा करना चाहिए, बातचीत की तारीख और समय नोट करना चाहिए, और ब्लैकमेलर के बारे में किसी भी प्रासंगिक जानकारी, जैसे यूज़रनेम या ईमेल पता, इकट्ठा करनी चाहिए। फिर, वह www.cybercrime.gov.in पर जाकर शिकायत फॉर्म भर सकती है, जिसमें सभी इकट्ठा किए गए सबूत प्रदान कर सकती है। यह वेबसाइट उपयोगकर्ता के अनुकूल है और आपको मामले को प्रस्तुत करने की प्रक्रिया में मार्गदर्शन करती है, यह सुनिश्चित करते हुए कि आप सभी आवश्यक विवरण प्रदान करें। वैकल्पिक

रूप से, यदि वह अधिक बोझिल या अनिश्चित महसूस करती है, तो वह 1930 पर कॉल कर सकती है, जहाँ प्रशिक्षित पेशेवर उसकी स्थिति को सुनेंगे और उसे शिकायत प्रक्रिया में मार्गदर्शन करेंगे। घटना की रिपोर्ट करना न केवल उसे न्याय प्राप्त करने में मदद करता है, बल्कि अन्य लोगों को लक्ष्य बनाने से भी ब्लैकमेलर को रोकने में मदद करता है। याद रखें, त्वरित कार्रवाई करना महत्वपूर्ण है और चुप न रहें; सहायता मांगने से महत्वपूर्ण बदलाव आ सकता है।

2. **साइबर वकील से बात करें:** यदि आप साइबर अपराध का शिकार हुए हैं, जैसे ऑनलाइन ब्लैकमेलिंग, तो अपनी सुरक्षा और अपने हितों की रक्षा के लिए तुरंत कार्रवाई करना आवश्यक है। पहला कदम यह होना चाहिए कि आप एक साइबर वकील से बात करें, जो इस क्षेत्र में विशेषज्ञता रखते हैं। एक साइबर वकील ऑनलाइन अपराधों से संबंधित कानूनों को समझता है और आपको कानूनी प्रक्रिया के माध्यम से मार्गदर्शन कर सकता है। उदाहरण के लिए, कल्पना करें कि एक युवा महिला, रिया, को किसी व्यक्ति से धमकी भरे संदेश मिलते हैं जिसे उसने ऑनलाइन पाया था। उस व्यक्ति ने उसकी संवेदनशील तस्वीरें प्राप्त की थीं और पैसे न देने पर उन्हें साझा करने की धमकी दी थी। ब्लैकमेलर को सीधे जवाब देने के बजाय, रिया ने एक साइबर वकील से परामर्श करने का निर्णय लिया। वकील ने उसे सब कुछ दस्तावेज़ करने की सलाह दी: सभी संदेशों को सहेजना, स्क्रीनशॉट लेना और प्रत्येक बातचीत की तारीख और समय नोट करना। उन्होंने ब्लैकमेल के कानूनी प्रभावों पर चर्चा की, जिसमें अपराधी के खिलाफ संभावित आरोप शामिल थे, और कैसे अपराध की रिपोर्ट करनी है। वकील ने रिया को उसके अधिकारों और उपलब्ध विकल्पों को समझने में भी मदद की, जिसमें रोकथाम कार्रवाई शामिल थी। यह कदम महत्वपूर्ण था क्योंकि इसने रिया को कानूनी सुरक्षा प्रदान की और उसे स्थिति को नियंत्रण में लेने के लिए सशक्त किया बिना किसी जल्दबाजी में निर्णय लेने के जो उसकी सुरक्षा को और खतरे में डाल सकता था। पेशेवर मदद लेकर, रिया जैसे पीड़ित साइबर अपराध की जटिलताओं को अधिक आत्मविश्वास के साथ नेविगेट कर सकते हैं और आगे बढ़ने के लिए सूचित विकल्प बना सकते हैं।

3. **ऑनलाइन शांति बनाए रखें:** यदि आप साइबर अपराध का शिकार हैं, जैसे ऑनलाइन ब्लैकमेलिंग, तो शांत रहना और सावधानीपूर्वक कदम उठाना आवश्यक है। पहले, घबराएं नहीं; आपके भावनाएं आपको ऐसे जल्दबाज़ी निर्णय

लेने के लिए प्रेरित कर सकती हैं जो स्थिति को और बिगाड़ सकती हैं। उदाहरण के लिए, कल्पना करें कि एक लड़की रिया को किसी व्यक्ति से धमकी भरे संदेश मिलते हैं, जो कहता है कि उसके पास उसकी संवेदनशील तस्वीरें हैं। गुस्से या डर के साथ प्रतिक्रिया देने के बजाय, रिया को सबसे पहले सभी संचार के स्क्रीनशॉट लेने चाहिए, जिसमें संदेश और कोई भी प्रासंगिक छवियाँ शामिल हैं, क्योंकि यह दस्तावेज़ भविष्य की कार्रवाई के लिए महत्वपूर्ण होगा। अगला, उसे तुरंत ब्लैकमेलर के साथ सभी संचार रोक देना चाहिए; उनके साथ संवाद करना आगे की परेशानियों को बढ़ावा दे सकता है। रिया को फिर अपने विश्वसनीय दोस्तों या परिवार के सदस्यों से संपर्क करना चाहिए और उन्हें बताना चाहिए कि क्या हो रहा है, क्योंकि उनका समर्थन भावनात्मक राहत और व्यावहारिक सलाह प्रदान कर सकता है। यह भी महत्वपूर्ण है कि वह उस प्लेटफ़ॉर्म पर घटना की रिपोर्ट करें जहाँ संचार हुआ, क्योंकि वे अपराधी के खाते के खिलाफ कार्रवाई कर सकते हैं। इसके अतिरिक्त, उसे स्थानीय कानून प्रवर्तन से संपर्क करना चाहिए और साक्ष्यों के साथ रिपोर्ट दायर करनी चाहिए, जो ब्लैकमेलर को ट्रैक करने में मदद कर सकता है। अंत में, रिया के लिए अपने सोशल मीडिया पर गोपनीयता सेटिंग्स को समायोजित करने पर विचार करना महत्वपूर्ण है ताकि यह सीमित किया जा सके कि कौन उसकी जानकारी देख सकता है। साइबर अपराध जैसे ब्लैकमेल परेशान करने वाले हो सकते हैं, लेकिन शांत रहकर और इन कदमों का पालन करके, आप अपनी सुरक्षा को बेहतर बना सकते हैं और स्थिति को सुलझाने की दिशा में काम कर सकते हैं।

4. अपने लिए दोषी न ठहराएँ: यदि आप साइबर अपराध का शिकार होते हैं, तो यह महत्वपूर्ण है कि आप जो कुछ भी हुआ है, उसके लिए खुद को दोषी न ठहराएँ। साइबर अपराधी अक्सर तकनीक और मानव भावनाओं में कमजोरियों का लाभ उठाते हैं, जिससे किसी भी व्यक्ति के उनके तंत्र का शिकार होना आसान हो जाता है। उदाहरण के लिए, एक युवा महिला के मामले पर विचार करें, जिसने किसी से धमकी भरे संदेश प्राप्त किए, जिसने उसके सोशल मीडिया खाते को हैक कर लिया था। हैकर ने निजी तस्वीरों तक पहुंच प्राप्त की और उसे सार्वजनिक रूप से साझा करने की धमकी दी, जब तक कि उसने पैसे नहीं दिए। इस तरह की पीड़ितों के लिए यह महत्वपूर्ण है कि वे समझें कि वे दोषी नहीं हैं; जिम्मेदारी उस अपराधी की है जिसने उसके विश्वास और गोपनीयता का लाभ उठाने का चुनाव किया। शर्म या अपराधबोध महसूस करने के बजाय, उसे तुरंत कार्रवाई करनी चाहिए। इसमें

धमकियों का दस्तावेजीकरण करना शामिल है, जिसमें स्क्रीनशॉट लेना और सभी संचार को सहेजना शामिल है। उसे उस प्लेटफॉर्म पर घटना की रिपोर्ट करनी चाहिए जहाँ अपराध हुआ, साथ ही स्थानीय कानून प्रवर्तन को भी सूचित करना चाहिए, जो मामले की जांच करने में मदद कर सकता है। इसके अतिरिक्त, दोस्तों और परिवार को सूचित करना महत्वपूर्ण है, क्योंकि वे भावनात्मक सहायता प्रदान कर सकते हैं और पीड़ित को अगले कदमों को नेविगेट करने में मदद कर सकते हैं। व्यक्तिगत जानकारी की रक्षा करना और सोशल मीडिया पर गोपनीयता सेटिंग्स को बढ़ाना भी आगे की घटनाओं को रोकने में मदद कर सकता है।

5. अपनी मानसिक और भावनात्मक स्वास्थ्य पर ध्यान दें: यदि आप साइबर अपराध का शिकार होते हैं, विशेषकर कुछ उतना ही दुखदायक जैसे ब्लैकमेल, तो पहली बात यह है कि आपको अपनी मानसिक और भावनात्मक स्वास्थ्य पर ध्यान केंद्रित करना चाहिए। यह स्थिति भारी हो सकती है और आपको डर, शर्म, या यहाँ तक कि बेबस महसूस करा सकती है। यह महत्वपूर्ण है कि आप याद रखें कि आप अकेले नहीं हैं और कई लोग समान समस्याओं का सामना कर रहे हैं। शुरुआत करें किसी ऐसे व्यक्ति से बात करके जिस पर आप भरोसा करते हैं, जैसे कि एक दोस्त या परिवार का सदस्य, जो समर्थन और समझ प्रदान कर सकता है। उदाहरण के लिए, एक युवा महिला रिया के मामले पर विचार करें, जो ऑनलाइन मिली किसी व्यक्ति द्वारा ब्लैकमेल की गई थी। ब्लैकमेलर ने उसे पैसे भेजने के लिए धमकी दी। घबराने के बजाय, रिया ने अपनी सबसे अच्छी दोस्त से संपर्क किया, जिसने उसे यह समझने में मदद की कि वह उस स्थिति के लिए दोषी नहीं थी। साथ में, उन्होंने ब्लैकमेल की रिपोर्ट पुलिस और उस प्लेटफॉर्म पर की जहां ब्लैकमेलर ने संपर्क किया था। इसने न केवल उसके कंधों से एक बोझ हटाया बल्कि उसे कार्रवाई करने के लिए सशक्त भी किया। प्रियजनों से मदद मांगने के साथ-साथ, एक मानसिक स्वास्थ्य पेशेवर से बात करने पर विचार करें, जो आपकी भावनाओं को समझने में मदद कर सकता है। अपनी देखभाल करना न भूलें, जैसे कि उन गतिविधियों में संलग्न होना जो आपको पसंद हैं, व्यायाम करना, या अपने अनुभवों के बारे में लिखना। आपकी भावनात्मक भलाई को प्राथमिकता देने के लिए उठाए गए प्रत्येक कदम से आपको अपने जीवन और भावनाओं पर नियंत्रण पुनः प्राप्त करने में मदद मिल सकती है, जिससे साइबर अपराध के बाद की स्थिति को संभालना आसान हो जाएगा।

6. इंटरनेट से दूर जाने के बजाय अपने सोशल मीडिया अकाउंट्स को खुला रखें: यदि आप साइबरक्राइम का शिकार बन गए हैं, जैसे कि ब्लैकमेलिंग, तो इस स्थिति को संभालना अत्यंत महत्वपूर्ण है। इंटरनेट छोड़ने या अपने सोशल मीडिया अकाउंट्स बंद करने के बजाय, उन्हें खुला रखने पर विचार करें। यह दृष्टिकोण फायदेमंद हो सकता है क्योंकि यह आपको दोस्तों और परिवार के साथ जुड़ने की अनुमति देता है, जो इस कठिन समय में आपका समर्थन कर सकते हैं। उदाहरण के लिए, एक वास्तविक जीवन की कहानी पर विचार करें: एक लड़की, रिया, को एक साइबर अपराधी ने निशाना बनाया, जिसने उसे धमकी दी कि अगर उसने पैसे नहीं दिए तो उसके व्यक्तिगत फोटो सार्वजनिक कर दिए जाएंगे। डर के मारे रिया ने अपने सोशल मीडिया अकाउंट्स को हटाने का निर्णय नहीं लिया, बल्कि उसने ऑनलाइन रहने का चुनाव किया। उसने अपने प्लेटफॉर्म का उपयोग करते हुए विश्वसनीय दोस्तों से सलाह मांगी, जिन्होंने उसे उसके अधिकारों के बारे में समझाया और स्थानीय कानून प्रवर्तन से संपर्क करने में मदद की। अपने अकाउंट्स को खुला रखने से रिया ने अन्य लोगों को भी इस ब्लैकमेलिंग के प्रयासों के बारे में चेतावनी दी, जिससे उन्हें संभावित रूप से शिकार बनने से बचाया जा सका। यह महत्वपूर्ण है कि सभी बातचीत को दस्तावेजीकृत करें और घटना की रिपोर्ट पुलिस और सोशल मीडिया प्लेटफॉर्म को करें, क्योंकि वे अक्सर अपराधी के प्रोफ़ाइल को हटाने में मदद कर सकते हैं।

7. उन सभी वेबसाइटों, सोशल मीडिया अकाउंट्स को खोजें जिनमें आपकी व्यक्तिगत छवियाँ या वीडियो हैं: यदि आप साइबरक्राइम का शिकार बनते हैं, विशेष रूप से यदि कोई आपकी निजी छवियों या वीडियो का उपयोग करके आपको ब्लैकमेल कर रहा है, तो त्वरित और व्यवस्थित कदम उठाना अत्यंत आवश्यक है। सबसे पहले, ऑनलाइन अपने चित्रों या वीडियो की खोज करें। रिवर्स इमेज सर्च टूल्स जैसे Google Images या TinEye का उपयोग करें; बस छवि को अपलोड करें या URL पेस्ट करें और देखें कि यह इंटरनेट पर कहाँ दिखाई दे रहा है। इसके अतिरिक्त, अपने नाम या किसी भी यूजरनेम को सर्च बार में डालकर सोशल मीडिया प्लेटफार्मों की जांच करें। किसी संदिग्ध खाते की खोज करें जो आपकी नकल कर रहा हो। यह महत्वपूर्ण है कि आप उन सभी वेबसाइटों, सोशल मीडिया अकाउंट्स का रिकॉर्ड रखें जहाँ आपकी निजी सामग्री दिखाई दे रही है। उदाहरण के लिए, एक युवा महिला रिया ने पाया कि उसके पूर्व-प्रेमी ने उसकी व्यक्तिगत तस्वीरें कई वेबसाइटों पर बिना उसकी अनुमति के साझा की हैं। इससे निपटने के

लिए, उसने उन सभी साइटों और खातों की सूची बनाई जहाँ उसकी छवियाँ पाई गईं। इसके बाद, उसने इन खातों को संबंधित प्लेटफार्मों को रिपोर्ट किया, उत्पीड़न के सबूत प्रदान किए, और अपनी सामग्री को हटाने का अनुरोध किया। यह भी एक अच्छा विचार है कि आप अधिकारियों को सूचित करें, क्योंकि वे मामले की आगे जांच में मदद कर सकते हैं। सब कुछ दस्तावेजीकृत करना याद रखें, स्क्रीनशॉट लें और लिंक सेव करें, क्योंकि यह सबूत किसी भी कानूनी कार्यवाही में महत्वपूर्ण हो सकता है। अंततः, एक विश्वसनीय मित्र या पेशेवर से बात करने पर विचार करें, जो इस कठिन समय में समर्थन प्रदान कर सके, क्योंकि साइबर ब्लैकमेल से निपटना भावनात्मक रूप से थका देने वाला हो सकता है।

8. उस सब कुछ का स्क्रीन रिकॉर्डिंग वीडियो बनाएं जो आपके खिलाफ वायरल हो रहा है: यदि आप कभी साइबरक्राइम का शिकार बनते हैं, विशेष रूप से ब्लैकमेलिंग जैसे मामलों में, तो त्वरित और सावधानी से कार्य करना आवश्यक है। सबसे पहले, उस घटना के बारे में जो कुछ भी आप खोजते हैं उसका स्क्रीन रिकॉर्डिंग वीडियो बनाएं। उदाहरण के लिए, मान लीजिए कि रिया को किसी ऐसे व्यक्ति से धमकी भरे संदेश मिलते हैं जिसने उसकी निजी तस्वीरें प्राप्त की हैं और पैसे की मांग कर रहा है। रिया को अपने सोशल मीडिया अकाउंट्स, ईमेल और किसी अन्य प्लेटफार्मों पर इन संदेशों को देखने के दौरान अपने स्क्रीन को रिकॉर्ड करना शुरू करना चाहिए। यह रिकॉर्डिंग ब्लैकमेलर के धमकियों, उनकी प्रोफाइल जानकारी, और उत्पीड़न के किसी भी सबूत को दस्तावेजीकृत करेगी। इसके अलावा, उसे उन टिप्पणियों या पोस्टों को भी रिकॉर्ड करना चाहिए जो उसके बारे में गलत जानकारी फैला रही हैं, क्योंकि यह बाद में कानून प्रवर्तन के लिए महत्वपूर्ण हो सकता है। रिकॉर्डिंग करते समय, रिया को स्पष्ट रूप से बोलते हुए यह बताना चाहिए कि वह क्या खोज रही है, ताकि स्थिति का एक समग्र खाता तैयार किया जा सके। स्क्रीन रिकॉर्डिंग समाप्त करने के बाद, उसे इसे सुरक्षित रूप से सहेजना चाहिए और केवल विश्वसनीय व्यक्तियों या कानून प्रवर्तन के साथ साझा करना चाहिए। याद रखें, सबूतों का रिकॉर्ड रखना साइबर अपराधियों के खिलाफ कार्रवाई करने में आवश्यक है, और यह दस्तावेजीकरण पुलिस को रिपोर्ट करने या कानूनी पेशेवर की मदद लेने के समय उसके मामले का समर्थन कर सकता है।

9. जो कुछ भी आप पाते हैं उसका विस्तृत रिकॉर्ड बनाएं : प्रत्येक छवि का स्क्रीनशॉट लें, पोस्टिंग की तिथि और समय नोट करें और यह किसने पोस्ट किया है: यदि आप कभी साइबरक्राइम का शिकार बनते हैं, जैसे कि ब्लैकमेलिंग, तो अपने आप को सुरक्षित रखने और सबूत जुटाने के लिए तत्काल और विस्तृत कदम उठाना महत्वपूर्ण है। सबसे पहले, घटना से संबंधित सब कुछ का एक व्यापक रिकॉर्ड बनाएं। उदाहरण के लिए, मान लीजिए कि रिया को ऑनलाइन किसी ऐसे व्यक्ति से धमकी भरे संदेश मिलते हैं, जो कहता है कि उसके पास उसकी निजी तस्वीरें हैं। इसको दस्तावेजीकृत करने के लिए, रिया को हर संदेश का स्क्रीनशॉट लेना चाहिए, यह सुनिश्चित करते हुए कि स्क्रीनशॉट स्पष्ट रूप से प्रत्येक संदेश की तारीख और समय दिखाते हैं, साथ ही जिस व्यक्ति ने उन्हें भेजा है उसका यूजरनेम या प्रोफाइल नाम। यह जानकारी महत्वपूर्ण है क्योंकि यह घटनाओं का एक टाइमलाइन बनाती है, जो अधिकारियों को स्थिति को बेहतर ढंग से समझने में मदद कर सकती है। स्क्रीनशॉट के साथ, रिया को एक लिखित लॉग भी रखना चाहिए जिसमें उसके भावनाओं, उसने जो कार्रवाई की है, और ब्लैकमेलिंग ने उसके जीवन पर जो प्रभाव डाला है, उसका विवरण हो। रिया के लिए यह भी आवश्यक है कि वह उस प्लेटफॉर्म को रिपोर्ट करे जहां उत्पीड़न हो रहा है, क्योंकि कई सोशल मीडिया साइटों के पास ऐसे व्यवहार के खिलाफ सख्त नीतियाँ होती हैं। इसके अतिरिक्त, उसे स्थानीय कानून प्रवर्तन को भी इस स्थिति की रिपोर्ट करने पर विचार करना चाहिए और उन्हें सभी एकत्र किए गए सबूत प्रदान करना चाहिए। इसमें केवल स्क्रीनशॉट ही नहीं, बल्कि किसी अन्य प्रासंगिक जानकारी भी शामिल होनी चाहिए, जैसे कि यदि लागू हो तो उस व्यक्ति के साथ पूर्व की बातचीत। विस्तृत रिकॉर्ड रखकर, रिया अपने मामले को मजबूत कर सकती है और अधिकारियों को साइबर अपराधी के खिलाफ उचित कार्रवाई करने में मदद कर सकती है, अंततः अपनी सुरक्षा और भलाई सुनिश्चित करने की दिशा में काम कर सकती है।

10. उन लोगों पर ध्यान न दें जो आपको ट्रोल कर रहे हैं: यदि आप कभी साइबरक्राइम का शिकार बनते हैं, जैसे कि ऑनलाइन ब्लैकमेलिंग, तो सबसे महत्वपूर्ण बात यह है कि शांत रहें और अपने आप को सुरक्षित रखने के लिए विचारशील कदम उठाएं। पहले, उस व्यक्ति के साथ संपर्क में न रहें जो आपको नियंत्रित करने की कोशिश कर रहा है। याद रखें, ट्रोल्स पर ध्यान देना या उनके साथ संलग्न होना स्थिति को और खराब कर सकता है; इसके बजाय, सबूत

इकट्ठा करने और अधिकारियों से मदद प्राप्त करने पर ध्यान केंद्रित करें। साइबर अपराधी अक्सर डर और अलगाव पर पनपते हैं, इसलिए उन्हें वह ध्यान न देकर और इन कदमों का पालन करके, आप नियंत्रण फिर से प्राप्त कर सकते हैं और स्थिति को हल करना शुरू कर सकते हैं।

11. **अपने बैंक, वित्तीय सलाहकार और बीमा कंपनी से संपर्क करें और उन्हें अपनी स्थिति के बारे में सूचित करें:** यदि आप साइबर क्राइम का शिकार हो गए हैं, जैसे कि ब्लैकमेलिंग, तो यह आवश्यक है कि आप जल्दी और निर्णायक रूप से कार्रवाई करें। सबसे पहले, तुरंत अपने बैंक से संपर्क करें। वे आपके खातों को सुरक्षित रखने, अनधिकृत लेनदेन की निगरानी करने और चोर को आपके धन तक पहुँचने से रोकने में मदद कर सकते हैं। उदाहरण के लिए, कल्पना कीजिए कि एक लड़की, रिया, ऑनलाइन ब्लैकमेल का शिकार हो रही है, जब किसी ने उसके सोशल मीडिया अकाउंट हैक कर लिए हैं और निजी फोटो साझा करने की धमकी दी है, जब तक वह पैसे नहीं देती। इस स्थिति में, रिया को अपने बैंक को तुरंत सूचित करना चाहिए, जिससे वे उसके खाते को संदिग्ध गतिविधियों के लिए चिह्नित कर सकें और उसके वित्त की सुरक्षा में मदद कर सकें। इसके बाद, यदि आपके पास कोई वित्तीय सलाहकार है, तो उनसे संपर्क करें और अपने निवेश या बचत के लिए संभावित जोखिमों पर चर्चा करें। वे आपके वित्तीय संपत्तियों की सुरक्षा के लिए मार्गदर्शन कर सकते हैं। अंत में, अपने बीमा कंपनी को साइबर क्राइम के बारे में सूचित करना महत्वपूर्ण है। कई बीमा पॉलिसियों में अब साइबर घटनाओं को कवर किया जाता है, और उनके पास संसाधन या कदम हो सकते हैं जो आपको इस स्थिति से निपटने में मदद कर सकते हैं। उदाहरण के लिए, वे पहचान की चोरी के खिलाफ सुरक्षा या कानूनी सलाह तक पहुँच प्रदान कर सकते हैं। इन संस्थानों से संपर्क करके, आप न केवल अपने पैसे और व्यक्तिगत जानकारी की रक्षा करते हैं, बल्कि साइबर अपराधियों के खिलाफ आवश्यक कदम उठाने के लिए अपने आप को सशक्त भी बनाते हैं।

12. **ठगों, ट्रोल्स और हैकर्स को प्रतिक्रिया न दें:** यदि आप साइबर क्राइम का शिकार हो गए हैं, विशेष रूप से ऑनलाइन ब्लैकमेलिंग जैसी स्थितियों में, तो शांति बनाए रखना और ठगों, ट्रोल्स या हैकर्स को प्रतिक्रिया न देना अत्यंत महत्वपूर्ण है। उदाहरण के लिए, मान लीजिए कि रिया को किसी व्यक्ति से धमकी भरे संदेश मिलते हैं, जो यह दावा करता है कि उसके पास उसकी निजी फोटो हैं और

उन्हें साझा करने से रोकने के लिए पैसे की मांग करता है। इस स्थिति में, सबसे अच्छी शुरुआत यह है कि वह ब्लैकमेलर के साथ बातचीत से बचें। प्रतिक्रिया देने से आगे की धमकियों या मांगों की संभावना बढ़ सकती है। इसके बजाय, रिया को तुरंत अपने ऑनलाइन खातों को सुरक्षित करना चाहिए, पासवर्ड बदलना चाहिए और अनधिकृत पहुँच को रोकने के लिए दो-चरणीय प्रमाणीकरण सक्षम करना चाहिए। यह आवश्यक है कि वह संदेशों का दस्तावेजीकरण करें, जैसे स्क्रीनशॉट लें और सभी संचार को सहेजें, क्योंकि यह जानकारी कानून प्रवर्तन के लिए मूल्यवान हो सकती है। इसके बाद, उसे उस प्लेटफॉर्म को इस घटना की रिपोर्ट करनी चाहिए जहां उत्पीड़न हुआ, क्योंकि उनके पास ऐसे व्यवहार को संबोधित करने के लिए नीतियाँ हो सकती हैं और वे ठग को ब्लॉक करने में मदद कर सकते हैं। महत्वपूर्ण रूप से, रिया को अपने स्थानीय अधिकारियों से संपर्क करना चाहिए और ब्लैकमेल की रिपोर्ट करनी चाहिए, क्योंकि यह एक अपराध है और वे अपराधी के खिलाफ कार्रवाई में मदद कर सकते हैं। इस कठिन समय में, अपने भरोसेमंद दोस्तों या परिवार के सदस्यों के साथ अपने अनुभव साझा करने से भावनात्मक समर्थन भी मिल सकता है। अंत में, यदि स्थिति से अत्यधिक तनाव होता है, तो पेशेवर मदद लेना समझदारी है। याद रखें, ब्लैकमेलर को प्रतिक्रिया देने से केवल उन्हें सशक्त किया जाता है, जबकि अपराध की रिपोर्टिंग उन्हें न्याय दिलाने और दूसरों को समान स्थितियों से बचाने में मदद कर सकती है।

13. **कागज़ पर रिकॉर्ड रखें:** यदि आप साइबर क्राइम का शिकार हो गए हैं, तो आप जो सबसे महत्वपूर्ण कदम उठा सकते हैं, वह है एक विस्तृत रिकॉर्ड रखना। इसका मतलब है कि आप घटना के बारे में सभी प्रासंगिक जानकारी को लिखें, जैसे तारीखें, समय, और घटनाओं का विवरण। उदाहरण के लिए, कल्पना कीजिए कि रिया को ऑनलाइन किसी व्यक्ति से धमकी भरे संदेश मिलते हैं, जिसने उसकी निजी फोटो हासिल की है। रिया को सबसे पहले उस दिन और समय को नोट करना चाहिए जब उसे सबसे पहले ये संदेश मिले और उनके विषय का विस्तार से वर्णन करना चाहिए। उसे संदेशों को प्रिंट करना चाहिए या स्क्रीनशॉट लेना चाहिए और उन्हें कागज पर सुरक्षित रखना चाहिए, क्योंकि डिजिटल फ़ाइलों को बदला या मिटाया जा सकता है। इसके अलावा, यदि रिया को कोई ईमेल या सोशल मीडिया संदेश मिलता है जो ब्लैकमेल का हिस्सा है, तो उसे भी प्रिंट करना चाहिए। यह दस्तावेज़ीकरण महत्वपूर्ण है क्योंकि यह कानून प्रवर्तन या कानूनी अधिकारियों द्वारा जांच में उपयोग के लिए एक ठोस सबूत प्रदान करता है।

कागज़ पर रिकॉर्ड रखना यह सुनिश्चित करने में मदद करता है कि सबूत सुरक्षित रहे । रिया के मामले में, जितनी अधिक विस्तृत उसकी रिकॉर्डिंग होगी, उतनी ही बेहतर संभावना होगी कि वह ब्लैकमेल को रोक सके और न्याय प्राप्त कर सके। इस जानकारी के पास होने से उसे स्थिति पर अधिक नियंत्रण महसूस करने में मदद मिल सकती है और जब वह पुलिस अधिकारियों या कानूनी सलाहकारों से बात करती है, तो उसका समर्थन कर सकती है।

14. **संदिग्धों की सूची बनाएं:** यदि आप कभी साइबर क्राइम का शिकार होते हैं, विशेषकर ऑनलाइन ब्लैकमेलिंग के मामलों में, तो पहला कदम एक विस्तृत संदिग्धों की सूची बनाना होना चाहिए। यह सूची कानून प्रवर्तन और साइबर सुरक्षा विशेषज्ञों को अपराध की प्रभावी ढंग से जांच करने में मदद कर सकती है। प्रारंभ में उन लोगों की सभी प्रासंगिक जानकारी इकट्ठा करें जिन्होंने आपके ऑनलाइन खातों या व्यक्तिगत जानकारी तक पहुँच प्राप्त की हो। उदाहरण के लिए, मान लीजिए कि रिया को एक ऑनलाइन किसी ख़राब मानसिकता वाले व्यक्ति द्वारा लक्षित किया गया है, जिसने उसकी निजी फोटो हासिल की और उसे पैसे देने के लिए धमकी दी। रिया को उन सभी लोगों के बारे में सोचना चाहिए जिनके पास उन तस्वीरों को देखने का अवसर हो सकता है। इसमें पूर्व मित्र, जानकार, या कोई भी व्यक्ति जो उसने ऑनलाइन बातचीत की हो, शामिल हो सकता है। फिर, उसे ब्लैकमेलर द्वारा इस्तेमाल किए गए किसी भी संदिग्ध संदेश, यूज़रनेम या ईमेल पते को नोट करना चाहिए। रिया शायद उस व्यक्ति के साथ बातचीत को याद कर सकती है जिसे उसने सोशल मीडिया पर देखा था और जो उसकी व्यक्तिगत ज़िंदगी में अत्यधिक रुचि रखता था; उस व्यक्ति को उसे अपनी सूची में जोड़ना चाहिए। यह भी महत्वपूर्ण है कि वह उन लोगों के असामान्य व्यवहार का दस्तावेजीकरण करें, जैसे अचानक बदलाव या उसकी फोटो के बारे में अप्रत्याशित संदेश। इस सूची को तैयार करके, रिया कानून प्रवर्तन को संभावित संदिग्धों का स्पष्ट चित्र प्रदान कर सकती है, जिससे उन्हें जिम्मेदार व्यक्ति को ट्रैक करने में आसानी होगी।

15. **पुलिस से सब कुछ करने की अपेक्षा न करें :** अपने मामले को स्वयं हल करने का प्रयास करें: यदि आप साइबर क्राइम का शिकार हो गए हैं, विशेष रूप से ऑनलाइन ब्लैकमेलिंग के मामलों में, तो तुरंत कार्रवाई करना महत्वपूर्ण है, न कि केवल कानून प्रवर्तन पर भरोसा करना। उदाहरण के लिए, मान लीजिए कि रिया

को किसी व्यक्ति से धमकी भरे संदेश मिलते हैं, जिसने उसकी निजी फोटो हासिल की है। पुलिस का समाधान करने का इंतज़ार करने के बजाय, रिया को सबसे पहले सब कुछ दस्तावेज़ित करना चाहिए। उसे संदेशों के स्क्रीनशॉट लेना चाहिए, उपयोगकर्ता की प्रोफ़ाइल जानकारी को सहेजना चाहिए, और प्रत्येक बातचीत की तारीखों और समय को नोट करना चाहिए। ये सबूत पुलिस और भविष्य की जांच के लिए महत्वपूर्ण हो सकते हैं। फिर, उसे अपने ऑनलाइन गोपनीयता सेटिंग्स को बदलने पर विचार करना चाहिए ताकि अपराधी की व्यक्तिगत जानकारी तक पहुँच को सीमित किया जा सके और आगे के उत्पीड़न को रोका जा सके। यह भी महत्वपूर्ण है कि वह भरोसेमंद दोस्तों या परिवार से भावनात्मक समर्थन और सलाह के लिए संपर्क करे। रिया को ब्लैकमेलर के साथ बातचीत करने की इच्छा का विरोध करना चाहिए, क्योंकि प्रतिक्रिया देने से स्थिति बढ़ सकती है। इसके अलावा, वह उस प्लेटफॉर्म को इस घटना की रिपोर्ट कर सकती है जहां संचार हुआ था, जिससे अपराधी का खाता निलंबित या हटा दिया जा सकता है। यदि वह सहज महसूस करती है, तो साइबर उत्पीड़न में विशेषज्ञता रखने वाले संगठनों से मदद मांगना उसे अतिरिक्त संसाधन और मार्गदर्शन प्रदान कर सकता है।

हमसे संपर्क करें: एक अनुभवी हैकर के रूप में, मैंने गर्ल साइबर डिफेंस मिशन को चलाने में अपनी मेहनत को युवा महिलाओं को साइबर अपराध के खतरों से बचाने के लिए समर्पित किया है। मैंने कई लड़कियों की मदद की है जो गंभीर समस्याओं का सामना कर रही थीं, जिनमें से कुछ ऑनलाइन ब्लैकमेलिंग के कारण आत्महत्या के खतरे में थीं। आप इस लड़ाई में अकेले नहीं हैं; मदद उपलब्ध है। कृपया मुझसे संपर्क करने में संकोच न करें। आप मुझे मेरी वेबसाइट BINARYRAISE.COM या GIRLCYBERDEFENCE.COM के माध्यम से संपर्क कर सकते हैं, या सीधे +91 7597111299 पर कॉल कर सकते हैं। एक साथ, हम इस चुनौतीपूर्ण समय का सामना कर सकते हैं और आपके और दूसरों के लिए एक सुरक्षित ऑनलाइन अनुभव की दिशा में काम कर सकते हैं।

10

Binary Raise : अंतिम सहारा

मैं Binary Raise का संस्थापक और CEO होने के नाते, उन लड़कियों की मदद करने के लिए अपना जीवन समर्पित कर रहा हूँ, जो साइबर अपराध के सामने फंसी हुई, डरती हुई और असहाय महसूस करती हैं। हर दिन, मैं ऑनलाइन ब्लैकमेलिंग के विनाशकारी प्रभाव को देखता हूँ—जब व्यक्तिगत क्षणों का इस्तेमाल हथियार के रूप में किया जाता है, जिससे लोगों को नियंत्रित, प्रताड़ित और धमकी दी जाती है। मैं उन लड़कियों के साथ खड़ा हुआ हूँ, जो डर और शर्म से इतनी अभिभूत थीं कि उन्होंने सोचा कि उनके पास आत्महत्या के अलावा कोई और रास्ता नहीं बचा। लेकिन हम साथ मिलकर संघर्ष का रास्ता खोजते हैं।

कल्पना कीजिए एक ऐसी दुनिया की, जहाँ पुलिस कहती है कि वे और कुछ नहीं कर सकते, जहाँ कोई आपकी स्थिति की भयानकता को समझने वाला नहीं है। यहीं पर हम आते हैं। Binary Raise में, हमने साइबर अपराध के विशेषज्ञों की एक विशेष टीम विकसित की है—वे लोग जो सिर्फ तकनीक को नहीं जानते, बल्कि इन अपराधों के भावनात्मक प्रभाव को भी समझते हैं। हम इंटरनेट के सबसे अंधेरे कोनों में गहराई से जाते हैं, अपराधियों का पता लगाते हैं, खोए हुए खातों को पुनर्प्राप्त करते हैं, लीक की गई जानकारी को हटाते हैं, और यह सुनिश्चित करते हैं कि आपकी आवाज सुनी जाए। पुलिस के पास शायद उपकरण नहीं हैं, लेकिन हमारे पास हैं। हमने ऐसे मामलों को हल किया है जहाँ दूसरों ने हार मान ली, और हमने अनगिनत लड़कियों को निराशा के कगार से बचाया है।

यदि आप उत्पीड़न, ब्लैकमेलिंग का शिकार हैं, या ऑनलाइन असहाय महसूस कर रहे हैं, तो कृपया जानिए: आप इस स्थिति का सामना अकेले नहीं करना है। हम यहाँ आपके समर्थन में हैं। हम जानते हैं कि आपके लिए क्या महत्वपूर्ण है, और हम हर मामले को अत्यधिक देखभाल और गोपनीयता के साथ संभालते हैं। हम सिर्फ तकनीकी समाधान नहीं प्रदान करते; हम आपके शक्ति को वापस पाने और आपकी ज़िंदगी को पुनः प्राप्त करने का रास्ता प्रदान करते हैं।

आपको सुरक्षित महसूस करने, सुनी जाने और बिना डर के जीने का हक है। मैं समझता हूँ कि मदद मांगने के लिए कितना साहस चाहिए, और मैं वादा करता हूँ कि हम आपके लिए उसी तरह लड़ेंगे जैसे आप हमारे अपने हैं।

हमारा संपर्क नंबर: +917597111299
हमारी वेबसाइट: www.binaryraise.com
हमारी मिशन वेबसाइट: www.girlcyberdefence.com

लड़कियों के लिए प्रस्ताव: साइबर अपराध के खिलाफ अपने आपको सशक्त बनाएं

आज के इस डिजिटल युग में, जब ऑनलाइन खतरों का दायरा पहले से कहीं ज्यादा बढ़ गया है, हम **Binary Raise** में लड़कियों को इंटरनेट के अंधेरे पक्ष से बचाने के लिए एक मिशन पर हैं। मैं, **सुमित परिहार**, Binary Raise का संस्थापक और सीईओ, अपने जीवन को इस उद्देश्य में समर्पित कर चुका हूँ कि कोई भी लड़की साइबर अपराध के सामने helpless या अकेली महसूस न करे।

हमारा 15-दिन का गहन प्रशिक्षण कार्यक्रम, जो राजस्थान के पाली जिले में स्थित है, अपने प्रकार का पहला कार्यक्रम है। यह ऑफलाइन और उन्नत प्रशिक्षण विशेष रूप से लड़कियों के लिए आधुनिक हाई-टेक हैकिंग हमलों का सामना करने के लिए तैयार किया गया है। हम फिशिंग स्कैम, मालवेयर, सोशल इंजीनियरिंग से लेकर उन जटिल साइबर खतरों तक, जो ऑनलाइन ब्लैकमेलिंग, उत्पीड़न, और यहां तक कि आत्महत्या का कारण बन सकते हैं, सभी को कवर करते हैं।

यह सिर्फ एक पाठ्यक्रम नहीं है—यह एक जीवन रक्षक प्रणाली है। हम पहले ही अनगिनत लड़कियों की जिंदगी बचाने में सफल रहे हैं, जो ऑनलाइन शिकारियों का शिकार हुई थीं, और उन्हें मजबूत और सुरक्षित रहने के लिए सशक्त किया है।

सोचिए, उस मानसिक शांति के बारे में जो आपको hackers और cybercriminals से बचने के तरीकों को जानने से मिलती है, कैसे संभावित खतरों की पहचान की जाए इससे पहले कि वे हमला करें, और अगर आप किसी हमले का शिकार बनें तो अपनी ऑनलाइन उपस्थिति को कैसे फिर से प्राप्त करें। आपकी सुरक्षा, आपका भविष्य, और डर से स्वतंत्रता—यही हमारी प्राथमिकता है।

हमारा बेसकैम्प प्रशिक्षण केवल तकनीकी पाठों तक सीमित नहीं है—यह एक समर्थन समुदाय है, जहां हर लड़की न केवल अपने आपको सुरक्षित रखने के कौशल के साथ, बल्कि डिजिटल दुनिया में मजबूती और स्पष्टता के साथ नेविगेट करने का आत्मविश्वास लेकर निकलती है। हर दिन हम लड़कियों की कहानियाँ सुनते हैं जो ऑनलाइन जालों का शिकार बनती हैं, लेकिन आप उनमें से एक नहीं बननी चाहिए। आपकी जिंदगी अनमोल है, और डिजिटल स्पेस में इसे सुरक्षित

रखने की कला सीखना अब एक विकल्प नहीं, बल्कि एक आवश्यकता है। आप बिना डर के जीने की हकदार हैं, और हम यहां आपकी मदद करने के लिए हैं।

मैं आपको इस यात्रा में शामिल होने के लिए आमंत्रित करता हूँ, ताकि आप अपनी डिजिटल जिंदगी पर नियंत्रण पा सकें। इंतज़ार न करें जब तक कि बहुत देर न हो जाए—आपकी सुरक्षा हमारी प्राथमिकता है, और हमारा प्रशिक्षण आपकी जान बचा सकता है। आज ही संपर्क करें +91 7597111299 पर या हमारी वेबसाइट girlcyberdefence.com पर जाएँ। चलिए, एक साथ मिलकर यह सुनिश्चित करें कि कोई भी लड़की ऑनलाइन कभी भी असुरक्षित न रहे।

आपकी राय का महत्व

आपकी राय और अनुभवों को जानने के लिए मैं आपको आमंत्रित करता हूं। आपकी प्रतिक्रिया मेरे लिए अत्यंत महत्वपूर्ण है और यह डिजिटल दुनिया में अपनी सुरक्षा के प्रति जागरूकता फैलाने में मदद करती है।

मैं समझता हूं कि साइबर अपराध को समझने की यात्रा चुनौतीपूर्ण हो सकती है, लेकिन आपके विचार अन्य लड़कियों को प्रेरित कर सकते हैं, जो समान परिस्थितियों का सामना कर रही हैं। यदि मेरी पुस्तक ने आपके दिल को छू लिया है या आपको ऑनलाइन खतरों का सामना करने में अधिक आत्मविश्वास महसूस कराया है, तो मैं आपसे Amazon और Flipkart पर एक समीक्षा छोड़ने का आग्रह करता हूं। आपकी आवाज़ महत्वपूर्ण है और यह दूसरों को सुरक्षा और सशक्तिकरण की दिशा में मार्गदर्शन कर सकती है।

मैं चाहता हूं कि आप अपनी Instagram पर अपने फीडबैक को साझा करें और हमारे हैंडल @girlcyberdefence और @sumitparihar.cyber का उल्लेख करें। इस तरह, आप केवल साइबर सुरक्षा के बारे में जागरूकता बढ़ाने में मदद नहीं करेंगे, बल्कि एक ऐसे समुदाय का हिस्सा बनेंगे जो एक-दूसरे का समर्थन और उत्थान करने के लिए समर्पित है।

आइए, अपनी आवाज़ को बुलंद करें और हर लड़की को अपने ऑनलाइन अस्तित्व पर नियंत्रण पाने के लिए सशक्त करें!

इस यात्रा का हिस्सा बनने के लिए आपका धन्यवाद।

हमारी अन्य सेवाएँ

Binary Raise एक भारतीय अनुसंधान आधारित साइबर सुरक्षा और रिसर्च सेंटर है। इसकी स्थापना सुमित परिहार द्वारा की गई थी, और इसका मुख्यालय वर्तमान में विनोद नगर, सोजत रोड, जिला – पाली, राज्य – राजस्थान, भारत (पिनकोड – 306103) में स्थित है। हम विभिन्न आकारों के व्यवसायों को व्यापक सेवाएँ प्रदान करते हैं। हमारी समाधान की विस्तृत श्रृंखला आपकी डेटा, सिस्टम और एप्लिकेशनों को साइबर खतरों से बचाने में मदद कर सकती है।

हमारी अनुभवी पेशेवरों की टीम नवीनतम साइबर सुरक्षा खतरों और प्रवृत्तियों की गहरी समझ रखती है। हम इस ज्ञान का उपयोग आपके विशेष आवश्यकताओं के अनुरूप समाधान डिज़ाइन और कार्यान्वित करने के लिए करते हैं। हम अपने ग्राहकों को नवीनतम साइबर खतरों से बचे रहने में मदद करने के लिए प्रतिबद्ध हैं। हम विभिन्न समाधान पेश करते हैं जो आपके व्यवसाय को साइबर हमलों से सुरक्षित रखने में सहायक हो सकते हैं।

Binary Raise साइबर जगत में महत्वपूर्ण सेवाएँ प्रदान करने के लिए जाना जाता है जैसे कि:

- वेबसाइट विकास
- ऐप विकास
- सॉफ़्टवेयर विकास
- डिजिटल फॉरेंसिक
- बग हंटिंग
- साइबर सुरक्षा
- डेटा पुनर्प्राप्ति
- निजी साइबर अपराध जांच
- साइबर बुलिंग का विरोध
- गंभीर वायरस से रिकवरी
- रैनसमवेयर वायरस से रिकवरी
- कस्टम हार्डवेयर डिवाइस निर्माण

- ऑनलाइन यौन उत्पीड़न से सुरक्षा
- एथिकल हैकिंग
- लिनक्स समस्या निवारण
- सर्च इंजन ऑप्टिमाइजेशन
- हैकिंग हमलों से रिकवरी

हमारा चयन क्यों करें?

Binary Raise का चयन करने के कई कारण हैं। यहाँ कुछ मुख्य बिंदु दिए गए हैं:

- हम एक प्रमुख भारतीय साइबर सुरक्षा और रिसर्च सेंटर हैं, जिनका सफलता का एक सिद्ध ट्रैक रिकॉर्ड है।
- हमारे पास अनुभवी पेशेवरों की एक टीम है, जिनकी नवीनतम साइबर सुरक्षा खतरों और प्रवृत्तियों की गहरी समझ है।
- हम आपके विशेष आवश्यकताओं के अनुसार अनुकूलित किए जा सकने वाले समाधानों की एक व्यापक श्रृंखला प्रदान करते हैं।
- हम अपने ग्राहकों को सर्वोत्तम सेवा और उनके निवेश के लिए सर्वोत्तम मूल्य प्रदान करने के लिए प्रतिबद्ध हैं।

संपर्क करें

यदि आप हमारी कंपनी के बारे में अधिक जानने में रुचि रखते हैं, तो कृपया आज ही हमसे संपर्क करें। हमें आपके आवश्यकताओं पर चर्चा करने में खुशी होगी और एक ऐसा समाधान विकसित करने में मदद मिलेगी जो आपकी विशेष आवश्यकताओं के अनुसार हो।

संपर्क: +917597111299

वेबसाइट:www.binaryraise.com

अपने प्रियजन को यह किताब भेंट करें

कल्पना करें कि आप अपने हाथों में एक शक्तिशाली किताब थामे हुए हैं, जो किसी की जान बचा सकती है। यह किताब सिर्फ शब्दों से भरे पन्ने नहीं है; यह डिजिटल दुनिया में छिपे खतरों के खिलाफ एक ढाल है। चाहे वह आपकी प्रेमिका हो, बहन या माँ, इस किताब को भेंट करने का अर्थ है उनके प्रति आपकी गहरी स्नेह और उनकी सुरक्षा एवं कल्याण के प्रति आपकी प्रतिबद्धता।

इसलिए, उन्हें यह उपहार दें और साइबर अपराध से उनकी जान बचाएं। इसे अमेज़न और फ्लिपकार्ट पर *Girl Cyber Defence* सर्च करके ऑर्डर करें।

इस किताब को अंत तक पढ़ने के लिए धन्यवाद।

लेखक के बारे में

सुमित परिहार,

संस्थापक व सीईओ : Binary Raise

संस्थापक : गर्ल साइबर डिफेंस मिशन

सुमित परिहार, Binary Raise के संस्थापक और सीईओ हैं, जो दुनिया का अग्रणी हैकर-सक्षम सुरक्षा मंच है। उन्होंने 2022 में इस कंपनी की नींव रखी, जिसका उद्देश्य साइबर दुनिया को अधिक सुरक्षित बनाना है। Binary Raise का मुख्य मिशन है, सुरक्षा शोधकर्ताओं और उन संगठनों के बीच एक पुल का निर्माण करना जो साइबर सुरक्षा खतरों का सामना कर रहे हैं।

सुमित परिहार एक पेशेवर हैकर हैं। वे *गर्ल साइबर डिफेंस मिशन* के निर्माता भी हैं, जो दुनिया का पहला और उन्नत अंतर्राष्ट्रीय मिशन है, जिसका उद्देश्य लड़कियों को ऑनलाइन खतरों से बचाना है। सुमित सुरक्षा शोध और हैकिंग के प्रबल समर्थक हैं। उनका मानना है कि संगठनों को सुरक्षा शोधकर्ताओं के साथ मिलकर काम करके साइबर खामियों को पहचानना और सुधारना चाहिए, इससे

पहले कि इनका दुरुपयोग दुर्भावनापूर्ण हमलावरों द्वारा किया जाए।

सुमित परिहार के नेतृत्व में, Binary Raise दुनिया का सबसे बड़ा और सबसे विश्वसनीय हैकर-सक्षम सुरक्षा मंच बन गया है। वर्तमान में, इस प्लेटफार्म पर 1,000 से अधिक सुरक्षा शोधकर्ता पंजीकृत हैं, जिन्होंने विभिन्न संगठनों को 20,000 से अधिक सुरक्षा कमजोरियों का पता लगाने और सुधारने में मदद की है। सुमित सुरक्षा सम्मेलनों और कार्यक्रमों में नियमित रूप से वक्ता के रूप में भाग लेते हैं, और वे अंतर्राष्ट्रीय साइबर सुरक्षा समूह के निदेशक मंडल के सदस्य भी हैं।

सुमित परिहार को उनके उत्कृष्ट कार्य के लिए *राष्ट्रीय प्रतिष्ठा पुरस्कार* और *विश्व रत्न सम्मान* से सम्मानित किया गया है। उनका यह समर्पण और प्रयास न केवल साइबर सुरक्षा के क्षेत्र में बल्कि लाखों लड़कियों की जिंदगी बचाने में भी महत्वपूर्ण रहा है। उन्होंने अब तक अनेक लड़कियों को आत्महत्या और ऑनलाइन ब्लैकमेलिंग से बचाया है, और उनका यह योगदान न केवल भारतीय संगठनों बल्कि पूरे विश्व को साइबर अपराध से सुरक्षित रखने में महत्वपूर्ण भूमिका निभा रहा है।

सुमित परिहार ने साइबर अपराधियों का पता लगाने और उन्हें ट्रैक करने के लिए कई नवीन तकनीकों का विकास किया है। उनकी मेहनत और योगदान ने भारतीय व्यवसायों और नागरिकों को साइबर खतरों से सुरक्षित रखने में महत्वपूर्ण योगदान दिया है। उनकी सफलता की कहानी और शोध कार्य प्रमुख सुरक्षा प्रकाशनों में प्रकाशित हो चुके हैं, और वे इस क्षेत्र में एक प्रतिष्ठित नाम हैं।